U0685711

总裁
招用人智慧

ZONGCAI
ZHAO YONG REN ZHIHUI

李耀文 ◎ 著

贵州出版集团
贵州教育出版社

图书在版编目（CIP）数据

总裁招用人智慧 / 李耀文著. —贵阳：贵州教育
出版社，2018. 10
　　ISBN 978-7-5456-1151-9

　　Ⅰ.①总… Ⅱ.①李… Ⅲ.①企业管理－人力资源管
理 Ⅳ.①F272.92

中国版本图书馆CIP数据核字（2018）第209838号

总裁招用人智慧

李耀文　著

出 品 人：玉　宇
责任编辑：廖　波
出版发行：贵 州 出 版 集 团
　　　　　贵 州 教 育 出 版 社
地　　址：贵阳市观山湖区会展东路SOHO公寓A座
　　　　　（电话：0851-82263049　邮编：550081）

印　　刷：北京盛彩捷印刷有限公司
开　　本：710mm×1000mm　1/16
印　　张：16.5印张
字　　数：180千字
版　　次：2018年10月第1版
印　　次：2018年10月第1次印刷

书　　号：ISBN 978-7-5456-1151-9
定　　价：48.00元

版权所有 盗版必究
图书如有印装错误，请联系印刷厂调换
厂址：北京市海淀区中关村南大街5号9区603幢北平房 电话：010-88856211

知人心、顺人意者，必成大业！

—— 李耀文

序　言

我的第一次，没有在风中凋落

出书于我而言，绝对是人生的第一次。这个第一次，似乎来得有点突然，但实现了我心中的一个夙愿。人生，有很多个第一次，这些第一次，镌刻成了刻骨铭心的人生印迹。而此时，我再回首那些第一次，多了些云淡风轻，少了些伤痛哀怨。

记得第一次做业务，在一个个电话的拨出、一张张用心做好的邀请函的发出、一条条传真和短信问候语的发送之后，心中都是美好的憧憬："客户会抱着白花花的银子，瞬间送到我的手里。"然而残酷的现实很快击碎了我的梦。我的热情换来的并不是相等的回报，而是一句句冰冷的拒绝，直戳心底，甚至我热情洋溢的话语还没说到一半，听筒里就传来了急促的忙音。哭过，笑过，也退缩过，我们都是有血有肉的凡夫俗子。

面对一天两天的困难谁都能坚持，但面对十年八年的困难却需要莫大的勇气。时不我待，我们一生中能有多少个十年八年供我们"豪赌"？

记得第一次发传单，看着街上来来往往的行人，我热情洋溢地迎上去，温柔可亲地说："先生（女士），有招聘人才的需求吗？有找工作的需求吗？有需要做团队培训的需求吗？我们众国人才是专门做招聘、培训的！"总以为自己的热情能换来对方的承认和肯定："有需求，我们早就想和你们合作了，怎么收费？"这美好的幻觉还没来得及消失，接踵而至的是"都什么年代了，还发传单""你们那里的效果太差了""不需要不需要""走开走开"。这种话再少，也会刺痛刚踏入社会的我的心。

记得第一次上门拜访客户，客户从头到脚地打量我一番，问道："你是做人才招聘和培训的？"我忙不迭地答应："是！是！"客户说："来，来，介绍介绍。"作为新人，我急急忙忙地背起了公司的简介，还没背到一半，客户说："好了，我怎么都没有听说过你们？"在他惊讶之时，我也很惊讶。最后客户说了句："资料放在这里，等我们需要的时候再通知你。"做过业务的人都知道"等"字后面的意思。这还算是客气的，遇到不客气的，一开口就是："走了走了，每天就看到你们这些搞推销的，什么事情不能干，非要干这个。"我还不得不边鞠躬边微笑着离开。有句话讲得好，"头可断，发型不可乱"，无论遭受多大的羞辱，文明礼貌不可不在乎。有时候实在很生气，我也会来一番阿 Q 精神："你被狗咬了，难道你要上去咬回来不成？"以抚慰自己受伤的心灵。我还会边走边提醒自己："想过什么样的生活，只有自己知道，继续走自己的路，让别人说去吧！嘴长在别人身上，你管得着吗？就算想一千个退缩、一万个放弃，只需要一个坚持就够了！"心中的执念是，"继续，下一家吧！"

记得第一次开公司，真的很难，很多事情从未经历过，好像什么事情都要处理，又好像什么事情都处理不好。有时候真想仰天长叹一声："咋就这么难呢？"不知经历了多少的打击和磨炼后，兴奋不已的自己红红火火、大张旗鼓地把公司开起来了。已经比较老练的自己，生意也开始做得风生水起，可这时个别领导又来了一句："想在我的地盘混就得聪明点，你就如一只蚂蚁，踩死你易如反掌。"虽然不至于提心吊胆，但我也战战兢兢地开始注意每一个细节。无数次都想退缩和放弃，但我都咬着牙、赔着笑、鞠着躬，不断地告诉自己："再坚持坚持！再坚持坚持！"最终居然坚持到了现在。

记得第一次演讲，台下来了几百名听众，他们好奇，我很兴奋。虽然在台下做了充分的准备，但台下和台上的感觉判若云泥。自认为经验无比丰富，阅人无数，一个小小的 8 小时演讲算什么。开始还算挥洒自如，可是讲到 4 小时后，体力和脑力都支撑不住了，有一种"大厦将倾，岌岌可危"之感。满脸汗水，口干舌燥，甚至还有点前言不搭后语。参会的几个同行频频摇头："你根本不适合做演讲和培训，就应该好好去做自己的人才市场。"我不置可否，只知道实现自己的梦想，把"就业、创业、招人、识人、选人、用人、留人、育人"一条龙的工作做得更好；不断地学习、总结、改进、提高、钻研，在践行中把它发扬光大。

记得第一次招加盟代理商，几个离职的员工临走时对我冷嘲热讽："一个传统行业都做不好的人，还想学习别人微商的模式。"我听了只是一笑了之。在这条艰辛的泥泞路上，不知遇到了多少次的打击和失败，但我至今仍没有停下招加盟代理商的步伐。感觉自己一次比一次成熟，一次比一次完善。

记得第一次学游泳，偌大的游泳馆，只有我一个人呛水的声音不断回响在每一个角落。周围所有的人都注视着我，救生员更是直直地盯着我。第一天下水，拼尽浑身之力，和水战斗了3小时，中途脑海里无数次闪现放弃的念头，不断地对自己说，"你好像根本就不是块游泳的料""你根本就没有这个天赋"。每被水呛一次，就想放弃一次。但每次想打退堂鼓，我就问自己："当初发传单的时候想放弃，最后不也因为干得优秀而转正了吗？跑业务时遇到无数风风雨雨差点想放弃，最后不也因为业绩优秀而升职了吗？做电话销售被客户的拒绝打击得伤痕累累而想放弃，最后不也因为突破和改进而升为公司的管理者了吗？做管理时由于组建团队困难、员工流失差点想放弃，最后不也因为夜以继日地学习、总结、改进而使自己的团队变成了公司最大的团队了吗？金融危机来临的时候，老板及合作伙伴全都跑了，自己不但担起了继续经营的重任，还无怨无悔地服务好留下来的客户，晚上睡在民房的地板上，白天还是奋不顾身地工作，公司不也一点一点地做起来了吗？"刚开始演讲的时候，还没站上台，几个同行的讥讽就扑面而至："一个普通话都说不清楚的人，还想做什么培训和演讲！""讲课的水平那么低，还想登台培训别人。"这一刻，我也曾想过退缩和放弃，但是我转念一想：
"我讲我的经验，和普通话关系不大吧？我的讲话水平不高，那我好好
阅读些书籍，不就可以弥补这个不足了吗？"

记得第一次打造团队课程，有个别同行评论我们不专业，甚至讥笑：
"不要丢同行的脸。"我没有退缩和放弃，继续学习、总结、改进，一
路前行，到今天不也做得有模有样吗？那些评论我不行的，我看他们这
几年发展得也不怎么样，而我的课程却越来越多，听众也在不断增加，
分公司都开了4家。

想着想着，我告诉自己："面对每一个第一次，其实自己都曾有过
退缩和放弃的念头，但坚持到最后，都做到了，而且都还做得不错！"

写下了这本书也是一个第一次！但是这次不是在被打击中开始的，
而是在鼓励和帮助中进行的。说实话，在写这本书之前，我还没有计划
这么快就着手进行，我本打算5年后有了更多历练和总结后再写，但在
好友周少俊的大力帮助和支持下，就这样开始了。这是生命中不同于往
昔的第一次，神奇而美妙，峰回路转，开启了一段更好的旅程。

一路走来，我遇到的好人比坏人多，帮助自己的人比搞破坏的人多，
被帮助的第一次就更多了。第一次发传单，得到了多个师傅的帮助和鼓
励；第一次跑业务，得到了多个师傅的指导和训练；第一次搞经营和管
理，得到了多个专家的指导和帮助；第一次办大型招聘会，得到了很多
领导的帮助和支持；第一次做校园招聘会，得到了多家学校领导和师生
的大力支持；第一次演讲，更是得到了学校无私提供的场地。我有太多

的被帮助的第一次，在这里不再赘述。

由于能力所限，再加上时间仓促，书中所言难免有不足、不妥之处。如在阅读中遇到任何问题，都可及时来信、来电批评指正，以便后期再版时加以更正、完善。

写到这里，我耳畔回荡起一句话："很多时候，梦想不是太遥远，更不是遥不可及，而是我们放弃得太快！"

李耀文

引 言

李耀文：职场演讲翘楚

如今，在贵州职场演讲台上，出现了这样一个人物：三尺讲台上，他可以不凭演讲稿，滔滔不绝地从早上讲到下午，而且内容丰富生动，场下笑声连连。他，就是众国人才集团董事长李耀文先生。

他曾笑言："我整天没事，就琢磨人性。"从他待人接物时的从容淡定、应对自如中，能让人体味出他在人性研究中取得的非凡成绩。忸怩、羞涩、尴尬、不自然……这些平常人身上常有的状态，在他的字典里似乎不存在。

若干年前，不少民营人才市场在国家"解决就业问题"的政策下蓬勃兴起，掰着手指都数不过来，如今，经历了市场考验后，贵州民营人才市场阵营中只有李耀文领导的众国人才市场还活跃着。在人民广场举办招聘会，进校园开招聘会，《贵州都市报》《贵阳晚报》隔三岔五地报道众国人才市场的招聘消息……很多单位、很多找工作的人受益于众国，与此同时，它的知名度与美誉度也越来越高。

李耀文似乎是一个很会玩的人，几年前，在众人惊异的眼光中，他摇身一变，站上了职场演讲台，开始传授"企业招人、识人、选人、用人、留人、育人""总裁决胜智慧"之类的专业知识。很多人不解他的华丽转身，只是因为不知道李耀文在做人才市场以前，就一直学习钻研着职场演讲的技巧。最终祭出这件"宝器"，是他在众多顾客要求之下及对市场审时度势之后，对公司业务做出的一项扩展决定。

时势造英雄。很多人不信，这个在讲台上口若悬河的人，竟然只是职高毕业，上进的他工作后又去读了大专。其实，学历根本说明不了什么问题，对于好学上进、勇于开拓的人来说，社会才是最大的学校，要在"干中学，学中干"，技艺才能更为精进。李耀文无疑在这方面为他人树立了一个很好的榜样。

或许因为没有高学历的思想桎梏，他身上少了知识分子的患得患失、优柔寡断。就拿上演讲台来说吧，那些"有水平"的人可能会瞻前顾后、字斟句酌，反而少了上台的勇气并影响水平的发挥。而李耀文却不，他认定一个理，"不要怕讲错，不要管别人，我讲我的"，就是这么一个朴素的道理，成就了李耀文台上的挥洒自如。对人性的透悟，让李耀文战胜了自己，在难以战胜自己的芸芸众生中脱颖而出。

当然，要想荣膺"职场演讲第一人"的桂冠，除了胆大之外，没有一些"干货"也是不行的。空洞无物地在讲台上手舞足蹈，最多只能算一个莽夫。李耀文的高明之处在于，他演讲的内容在书本上根本找不到，这是他结合自己十几年来的职场实践深入思考后的一种悟道。这种迥乎学院派书本知识的演讲，让他独辟蹊径，并且根本不怕别人学，渐渐形成了他的核心竞争力。

身材并不高大的李耀文在人群中显得有点矮小，然而只要他一站上讲台，他的形象马上高大起来。很多人甚至感到惊讶和疑惑——这么小的身躯中，何以能蕴藏如此巨大的能量？

国塑管业、雄政房地产、中节能、众基义齿……在一场场演讲和培训中，李耀文用自己的实力征服了这些企业的管理者，这些管理者不仅竖起大拇指夸赞他有才华，有些还成了他忠实的粉丝。

不经意间，李耀文用他自身的实力和魅力在贵州企业界刮起了一股"李旋风"，现在这股"李旋风"还在以惊人之势不停地刮着……

周少俊

开篇语

学以致用，方为臻境

学习的目的是什么？芸芸众生中，可能很多人从未认真思考过这个问题。经冬历春，有了多年人才市场和职场培训的经验后，我越来越清晰地把握到了学习的脉搏，它是在"学以致用"地铿锵跳动。

在职场演讲台上，我坚定地站了十几年。有很多专家，凭借其扎实的理论功底、严密的逻辑思维和超强的语言能力，或许能潇洒自如，恣意挥洒，但是，由于缺少实践经验，他们的纯理论与企业的现实又有些脱节。而我十几年来冲杀在硝烟四起的市场中，更能体察企业的痛点，所以我的演讲完全基于企业实践，在企业的发展上，能更好地送其一程。某种程度上，我和企业主完全是同一类人，我不是演说家，我就是企业主中的一分子。只不过，我把自己经营企业的经验总结后进行演讲。

站上讲台有诸多不易。记得我在10年前刚上讲台时，也曾手足无措。但是凭着"我讲我的，不去管别人怎么想"的简单信念，我变成如今在台上滔滔不绝、挥洒自如的样子。通过自身的心理磨砺，"我会不会讲错？""人家会不会笑话我？"这种普遍存在于大众心中的顾虑，于我而言已不存在。

有很多人羡慕我在台上的潇洒，问我："李老师，你的口才是怎么练出来的？为什么你在台上那么镇定自如，而我怎么就做不到？"窃以为，每个人都能在台上大放光彩，堵住他们通往光明大道的心魔不外乎两点：怯场、顾虑。因此，只要有针对性地解决这两点，何愁台上没有自己的一席之地。

很多学历高的人，做事时往往缩手缩脚，顾虑重重。上讲台前，他们就会想："万一下面坐着个教授怎么办？"复杂的想法首先就把自己打败了。所以，只要不是迫不得已，他们一般是不会主动选择上台的，白白把好东西都烂在了肚子里。

在中国，温州人被誉为"东方的犹太人"，大家都知道，犹太是世界上最会做生意的民族，"最好赚的是小孩和女人的钱"这句名言即出自他们之口。温州人中，有好多老板几乎不会写字（只会写自己的名字），合同也看不懂，不过他们会很大方地跟对方说："你给我讲一下大概内容吧。"甚至敢承认，"我只会写我的名字。"可是，这些都不影响温州老板把生意做大，成为市场上呼风唤雨的"大佬"。

学习世界上任何学问的最终目的都是应用，如果不去应用的话，可以说学习就失去了价值，学习的人或许会成为书呆子，跟整个社会彻底脱节。

我今天站在讲台上，只不过是忠实地践行学以致用的理念，并且，我要把我多年积累的经验跟大家分享。我讲的有关招人用人的内容，可能和书本上不一样，但这是我多年经验的总结，是我多年思想的精华。我和科班出身的演讲家的不同之处在于：首先，研究思路不一样，他们可能是讲大把的理论，而我主要根据实践进行讲解；其次，我个人做了十几年的市场，实践的深度和广度远胜他们。所以，我最终呈现的内容迥异于他们，在实用性上更胜一筹。

我要把我多年的实践经验进行总结并公之于众，至于会不会讲错，我不会考虑。我始终认为，我讲出来的东西对大家有没有用，能不能为大家提供一些借鉴和帮助，才至关重要。

学以致用，从我做起。学以致用，方为臻境。

目 录

CONTENTS

第
一
章

社会演变发展

精彩提示：人类社会发展至今，经历了原始社会、奴隶社会、封建社会、资本主义社会、社会主义社会等社会形态。可是，你想过吗？社会形态和招人用人之间也有一定的联系。

客观地说，社会形态和企业是两个完全不同的领域，一般人绝对不会把这两者联系起来。唯物主义哲学引导人们不要"片面地、孤立地、静止地"观察和思考事物，而要"全面地、有机地、动态地"观察和思考事物。只要打开思路，完全可以把两个看似风马牛不相及的东西进行有益的联系和比较，从而给人全新的启示和灵感。

人类成为万物之灵，真正脱离动物世界后，首先进入的是原始社会。原始人类虽然叫人，但身上更多保留的仍然是动物性，而社会性，因为社会结构刚刚才建立起来，还停留在最原始的位置。原始人类通婚，因为缺乏部落的沟通和交流，一般只能发生在部落内部和近亲之间。原始社会由于没有严密的组织形态，基本上属于比较分散的血亲关系，所以和现代的企业并没有多少可比性。

在原始社会，个体是很难有晋升空间的。一个部落的首领，他"创业"时带领的是"三妻四妾"和亲戚，如果你是外面部落的，不巧进了他这个部落，那基本上看不到晋升的希望，因为他管理部落依据的全是血缘关系。这就好比公司初创时期，老总搭班子找的都是亲戚和朋友，外人是没有机会进去的，遑论晋升。公司只有发展到一定程度，出于合作和分工的需要，才会考虑员工的晋升机会，以应对竞争对手。

　　进入奴隶社会后，有了奴隶主。奴隶主可对与他有人身依附关系的奴隶进行任意买卖，奴隶实际上失去了作为人的存在的意义，更像奴隶主家里的一件物品，只不过，这件物品是活的。奴隶的生杀予夺大权，完全掌握在奴隶主手里，奴隶主想叫他死他就得死，在这种情况下，杀死奴隶就像踩死一只蚂蚁那么容易，真可以用"草菅人命"来形容。而奴隶主杀死奴隶，根本不用承担任何法律责任。

　　奴隶主的所作所为听起来十分残酷，但他对奴隶的贩卖某种程度上和企业招聘相似。要是现在有人说"我是贩卖人口的"，可能听起来有些吓人，但这两件事的本质差不多。奴隶在奴隶主手中，可以像一件物品一样流通，人才市场的工作与此类似。

　　从事多年人才市场工作后，我知道哪种人能"卖"到哪种价格，对人才的价格行情判断不亚于专门挖掘人才的猎头。猎头为企业猎取一个人才，收费高的可达几十万元。人才市场的工作，通俗地说，就是帮企业"买"员工。这种"买"，在现代社会中对企业至关重要，随着社会分工进一步细化，企业面临招人难题，必须借助于专业的人才市场。

　　每家企业都有不同的部门，大部分管理者做的决定，其实和奴隶主没多大区别，就是把"买"来的员工放到不同的岗位，发挥他们的特长，保证整个公司的正常运转。

　　很多企业管理者由于"家长制"传统观念作祟，总想用简单粗暴的方法镇住下属。殊不知，当他们使用这些手段时，员工必定会反抗。一旦反抗，那公司内耗就会增加，严重的话，会导致员工离职。奴隶社会面对这种情况，奴隶主可能会把不听话的奴隶处死，然后又去找人贩子，重新再买几个。现在企业的招人、换人，与此同理。

社会发展到封建社会，出现了集权制的国家，"溥天之下，莫非王土，率土之滨，莫非王臣"，所有人都是皇帝的子民，都成了皇帝的私有财产，生杀予夺大权都掌握在皇帝手中。封建礼制实行愚民政策，"君叫臣死，臣不得不死"。而"伴君如伴虎"更是封建专制最生动的写照，哪怕是"一人之下，万人之上"的丞相，每天上朝时也都战战兢兢，如履薄冰，如临深渊，生怕说错一句话导致项上之物不保。

有些修为不够、悟道不深的企业管理者在公司往往妄自尊大，以为在自己的小天地里唯我独尊，把自己搞得像个皇帝似的。现代公司的关系并不是封建社会中那种人身依附关系，管理者出资，承担最大的风险，赚取最大的利润，员工出卖技能或劳力，赚取的是与之对应的报酬。在社会进步、以人为本的当下，人本质上并没有高低贵贱之分，只是岗位分工不同、拥有的权利不同。

从企业的管理角度讲，如果一个企业只有十来个人，那么管理者一个人搞"一言堂"还不觉得什么，对企业的战略发展和组织管理影响都不会很显著。但是，如果一家企业有几百上千人，那么，管理者的独断专行就明显不合适了。是几百上千人遇到的问题多，还是一个人遇到的多？是几百上千人聪明，还是一个人聪明？是几百上千人办法多，还是一个人办法多？显而易见，这样做违反了"三个臭皮匠，顶个诸葛亮""众人拾柴火焰高"等中国谚语中蕴含的哲理和智慧。遗憾的是，很多企业的管理者不自知、不自智，误入歧途而不知返。

在我们众国人才市场，员工都有办公室，唯独我没有。平时办公的时候，员工坐着，我站着。这里有一个角色定位的问题。一般公司当中，是员工服务好高管，高管服务好管理者，说到底，还是官本位的思想。这样的公司能发展好吗？很多最后都破产消失了。在我们公司是管理者服务好高管，高管服务好员工，这样员工才能充满热情地服务好客户。

当生产关系束缚生产力的时候，社会就会发生重大变革，封建社会由此没落，进入资本主义社会。瓦特发明的蒸汽机，在带动钢铁巨龙的同时，率先把西方国家带入现代文明。公司在资本主义社会发展初期是刚刚出现的新鲜事物。什么是公司？公司的概念和本质是什么？这是每一个办企业的人首先要通晓的事情。

学过经济学的人都知道，公司是以盈利为目的的组织，在资本主义社会中出现的公司，本身就是资本主义的缩影和象征，以追逐利益为最终目的。在资本主义社会中，联结人们关系的唯一纽带就是金钱，衡量一个人成功与否的标准也是金钱，这种关系和标准如今在我国也开始出现，且有愈演愈烈之势。这种社会巨变中的阵痛，带来了人心不古、世风日下的迷茫，也催化上演着一幕幕"贫居闹市无人问，富在深山有远亲"的世态炎凉的戏码。

中国刚从计划经济向市场经济转变，在国有企业、集体企业的基础上，出现了新的企业类型，包括民营企业、股份制企业等。国有企业和集体企业由于体制原因，在市场经济大潮的冲击下节节败退，下岗工人一时间充斥着社会的各个角落。社会资源的配置和利用发生了深刻的变化，政府不能再像以前一样大包大揽，市场对那些连年亏损的企业发出委婉的忠告，"找市长不如找市场"。相较以行政命令为特点的政府来说，市场这只无形之手的威力远远大于市长。

社会的竞争十分激烈，企业之间亦然。企业管理者每天盯着业绩，不停地向业务员要业绩，逼得业务员东奔西走。在竞争激烈、很多生产领域都供大于求的当今，推销工作的难度可想而知。

有企业管理者灵机一动，找到我们众国人才市场说："你给我推荐一些业务员吧。"此情此景，哪怕是做了多年的人才市场工作，我也无能为力，还真不知道从哪里给他推荐。一些企业管理者甚至承诺，"只要你能给我把人招来，我给你多少钱都行"。这些人可能没有想过，他都不愿意自己的业务员被别人挖走，那么，别的企业管理者又怎么愿意让自己的业务员被挖走呢？

业务员不仅难招，而且面临流失的风险。一个公司的管理者如果经常给业务员施加销售压力，身心俱疲的业务员在外面遇到别的管理者好言好语劝慰："你来我们公司吧，将来我可以让你当高管，让你成为加盟商，甚至还会邀约你成立合伙公司。"受此诱惑，两相比较，这个业务员很可能就一去不复返了。

在资本主义社会，资本家满脑子想的都是剥削员工，马克思的经济学称之为"榨取工人的剩余价值"。当马克思在他的鸿篇巨制《资本论》中通过科学的方法，抽丝剥茧地把这个现象深刻揭露出来时，那些当了一辈子工人依然一贫如洗的人才恍然大悟——原来如此，自己贫穷的原因就是被资本家剥削了剩余价值！

这些被剥削的人会心甘情愿地被剥削吗？他们想的是，你今天剥削我，你多久能吐出来？出来混，迟早是要还的。其实，与其算计员工，不如帮助员工。管理者应该调整一下出发点，帮助员工去成长，帮助员工去赚钱，把员工扶持到一定高度，甚至超越自己，如此，才能和员工终身合作，否则，早晚有分手的一天。管理者应该感恩员工，因为员工在成长的过程中赚到了钱，同时，也顺带着帮自己赚到了钱。很多人不明白这个道理，他还以为他招员工进来是赏给对方一碗饭，员工得对他感恩戴德。

社会形态向着更高阶段发展时，有些国家从封建社会进入资本主义社会，有些国家从封建社会越过资本主义社会，直接进入社会主义社会，我国属于第二种。

中国共产党领导的人民军队早期衣衫褴褛，武器落后，"小米加步枪"的状态维持了很长时间。就是在这样艰苦的条件下，革命还是成功了，最主要的原因是什么？就是中国共产党提出了让人民当家做主的口号，贫苦人民觉得日子有了盼头。一句"打土豪，分田地"，道出了当时人民最期盼的东西。

"星星之火，可以燎原"，一家公司为什么不能开到全国，甚至全世界去？这个问题困扰了我很久。华为的任正非创业时说："公司是大家的"，这句话击中了员工的内心。每个员工工作的目的就是坐上总裁的位置，所以就拼命干，这在客观上推动了华为的快速发展。

回顾历史，联系现在。如今，不少企业会遇到一个同样的问题，那就是人越来越难招，越来越难用了。我去过很多单位，曾看到过令人唏嘘的场景：有些公司只有管理者一个人，光杆司令一个；有些公司除了管理者，只有老板娘辅助其工作。这样的公司，基本上徒有其名，和以前的个体户相差无几。大部分公司还有三五个人，一个管理者、一个行政、一个人事、一个财务。有的公司岗位门类则比较齐全，还有设计、文职等。贵州省每年新增注册的企业有数十万家，与此同时，又有不少企业消失了。数量庞大的企业中，做大做强、脱颖而出的明星企业少之又少，大多数企业都在生死线上苦苦挣扎。面对激烈的竞争环境，如何招好人、识好人、选好人、用好人、留好人、育好人，成了摆在每一位企业经营者面前的难题，这也是本书要破解的难题。

第二章

行业演变

精彩提示：这十几年来，招聘形式发生了快速的变化，经历了职业介绍所、人才市场、网上人才市场等几种形态，如今还衍生了猎头、派遣、人事外包等，对求职者、人才市场、招聘单位都带来了极大的冲击。

中国人口已接近14亿，就业难成了社会的一大通病。改革开放以来，我国在用工方面走出了一条清晰的改革之路。

最早由国家解决就业问题，像纺织、制糖等劳动力密集型行业能解决大量的就业岗位。而企业员工子女天然就有一种权利，那就是顶替父母。"顶替"这个词在现在听起来还比较陌生，它指的是父母一旦从工作岗位上退下来，他的子女自然就能接替他的工作。这种做法在那个年代解决了很多人的就业问题。

没有工作的人让居委会大妈伤透了脑筋，因为政府给她压了一副解决社会闲散人员就业问题的重担。街道就办了一些小作坊，比如手工糊纸箱、糊火柴盒之类的，把这些闲散人员召集起来，也算是解决了他们的就业问题。当然，现在随着社会和经济的发展，这样的街道小作坊早已不存在了。

2001年之前，大学生毕业后国家包分配，这使得那时的大学生不用担心未来的前途，一毕业就有国家解决工作问题。曾有一个有趣的现象，现在令很多人趋之若鹜的世界500强企业，在那时却不入经济系毕业生的"法眼"，他们宁愿去招商局等专业对口的政府部门。

2001年之后，形势发生了彻底的改变，大学生毕业后国家不再分配工作，让"天之骄子"们一下子失去了保障。"天之骄子"这个称谓现在很少被提及，在改革开放初期，它却是一个备受推崇的称号。以前国家大学生招得少，质量又高，人才辈出。自从扩招后，大学的入学门槛越降越低，造成现在大学生的整体素质下降。"天之骄子"的称号，渐渐失去了昔日的光芒。

随着国家就业政策的改变，现在很多大学生面临着"毕业即失业"的迷茫，只能在各种人才市场中投简历。他们虽然有学历，但有一个致命的弱点，就是没有实际经验。绝大多数企业很现实，招人时不希望"节外生枝"，去承担额外的培训任务，而是希望招来的人马上能用，立竿见影出效益。

就业难催生了一个特殊的行业——为用工单位和求职者牵线搭桥的中介机构。在国家大包大揽之时，所有人对这样的机构都闻所未闻，此时，它却成了人们生活和工作中的一种新鲜事物。

中介机构随着时代的发展，衍变成了几种形态。

最初是职业介绍所。2003年的时候，社会上到处充斥着职业介绍所，求职者想通过它找工作，要交50～200元的职业介绍费，那时人均月收入不过几百元钱，这个收费还是相当高的。一些人看到这个行业来钱快，纷纷投身其中。很多人可能还有印象，那时贵阳市的大街小巷，职业介绍所星罗棋布。

职业介绍所名义上是替人找工作，实际上鱼龙混杂、良莠不齐。发展到后期，成了某些人的赚钱机器，玩出了很多"名堂"和"猫腻"。

很多所谓的工作岗位，纯属子虚乌有，其目的不外乎骗取求职者一笔不菲的介绍费。很多求职者在交了几百元的介绍费、填了一大堆莫名其妙的表格后，被告知回去等消息。这一等，就如泥牛入海、不知所终了。

由于门槛低，职业介绍所只需摆几张桌子，门口立一块展板，张贴一些用毛笔写的招聘启事，就开张了。

风起云涌之际，我们众国人才集团那时也开过职业介绍所，对每一个求职者收几十元到几百元不等的介绍费。凭借多年的经验积累和对政策的灵敏嗅觉，我感到形势要变，职业介绍所很可能成为政府清理的对象。我对加盟商直言："接下来人才市场要出来了，你再继续做职业介绍所，可能就没饭吃了。"可是，加盟商被每天大把大把的钞票冲昏了头脑，拍着腰间鼓鼓的钱包表示不相信。结果怎么样？如今职业介绍所早已消失得无影无踪了。这就是趋势。

过了一段时间，人才市场如雨后春笋般涌现出来，主管部门变为人事局。为什么会出现这样的变化？因为政府相关部门发现，之前的职业介绍所对解决整个社会的就业问题起不了多大作用，有部分不负责任的职业介绍所只是单纯为了赚钱，对于求职者能不能找到工作却漠不关心。

2005年互联网兴起，人才市场借助这一先进、便捷的方式，顺势推出网上招聘。国内做网上招聘最早的是中华英才网。这种打破了时空局限的新型招聘方式，既能节省企业和求职者大量的时间和精力，又能避免舟车劳顿之苦，马上成为受追捧的对象。我们众国人才市场也成了其中一员，在网上把企业信息公布出来，求职者必须花200元充值成为会员，才能看到用人单位的全部信息，否则，展现在他面前的只有用人单位的名称和职位。

社会结构和招聘方式的改变，不仅给求职者带来了迷惘和不适，就连招聘单位有时候也百思不得其解。有些企业对我说："是不是你现在宣传不到位啊，想当年我参加你的招聘会时，到处都是人。"其实这背后最根本的原因是现在单位过剩，招不到人。哪怕我竭力解释："不是我们宣传不到位，我现在投入的广告比以前增加了几倍。以前根本不是这样的，随便出去发两张传单就能招到人，现在连我们自己都招不到人，何况你们！"这些企业听了后将信将疑。他们没有意识到，形势发生了变化。

2010 年，我们开始举办校园招聘会，那个时候，即便不掏一分钱，很多单位都请不动。为了把单位请到大学去，我们赔着笑脸说："你来我们这儿吧，我们免费。我开车把你接过去，又开车把你送回来。你如果打的，给你报销打的费。"千般恳求下，一些单位才慢慢走进大学。

举办校园招聘会，作为中介机构，我们收的是学校的钱，组织一次收 2 万元钱。外人或许不知其中的道理，其实很简单，学校找不到单位又要解决学生就业的问题，就必须借助于专业的机构。学校不知道单位在哪里，也没有那么多的人手去组织招聘会，然而这些专业的人才市场都能解决。人才市场会经常打电话联系各个单位，掌握单位信息。只要一通知，各个单位就能如期而至。

2013 年以后，招聘网站多如牛毛，竞争空前激烈，甚至出现了注入风投的全国性大型招聘网站，比如 58 同城、赶集网等。然而，这并没能从根本上改变单位招人难的现状。现在企业为了招人，网站、现场，什么办法都用尽了，结果还是招不到人。他们感到深深的迷惑："人都去哪儿了？"

"去哪儿了"是一个流行的话题，之前有风靡一时的亲子娱乐节目《爸爸去哪儿了》。现在摆在企业面前的是"求职者都去哪儿了"的难题。

◎ 安排合适的人去，才能吸引合适的人才加入

对于国内人才市场的变化，这些年来我一直在研究，从未停止过。我发现一个有趣的现象，有些企业招人比较容易，说招到就招到，而有些企业就像陷入了一个怪圈，怎么也招不到。区别在于两者的招人方式不一样。每一场招聘会，来的求职者至少都有两三百人，如果连十来个人都招不到，聪明的公司会反思，多半是自己的问题——方式方法不对，然后采取行之有效的方法，先把"蔬菜水果"捡到自己的篮子里再说。不这样做的话，现场即便来了成千上万人也枉然。

一些公司管理者想法简单，以为中国是有 13 亿多人的泱泱大国，招几个人还难吗？错！这不是一种简单意义上的数量对应关系。富士康在一些地方常年招人，却又始终招不满，这是因为整个社会的人口太少了吗？像这样全球闻名的超大型企业都会面临招人难题，更何况那些不如它的企业了。随着社会经济结构发生深刻变化，人才类型、知识结构与企业错综复杂的招聘要求出现了不匹配的情况，这才是很多企业招不到人的深层次原因。

招聘越来越成为一项具有技术性的工作，国内开始出现专门提供人事外包一条龙服务的人力资源公司，他们把一般企业人事部该做的工作都做了。这一点，世界 500 强企业都在做，以区域论，上海做得最好。人力资源公司提供人事外包一条龙服务，专抢人事部和行政部的饭碗，可谓"来者不善，善者不来"。

时代越发展，社会分工就越细。"三百六十行，行行出状元"，在绵延几千年的封建社会中变化不大，但进入工业时代、信息时代后，有些职业在慢慢消失，"磨剪子戗菜刀"等渐渐淡出人们的视线，又出现了闻味道、代人试住宾馆等新职业。在让人眼花缭乱之际，也对人才提出了更高的要求。

行业和岗位的改变，如一波汹涌的巨浪势不可当。所以我经常对企业管理者讲："如果你解决不了问题，请思考一下，接下来你吃饭的机会是多了还是少了？你接下来还能干什么？"

第三章

浅谈近几年的大环境

精彩提示："大众创业，万众创新"是这几年政府提得最多最响亮的口号，在这种社会背景下，每年到工商部门注册的公司越来越多。与此同时，家人、同学、朋友之间在互相影响，我们经常会看到各种炫耀。我们该怎么办？

一、神奇的微信朋友圈

现在打开手机，我们一般会关注什么？对，微信。每天眼睛一睁开，我们一般会看看微信朋友圈。微信这一神奇的通信工具，已彻底影响了我们的工作和生活。

所以很多企业会制定规章制度，不允许员工上班看手机。上班不能看，下班接着看。有的员工在朋友圈看到：有人说他今天买了一辆宝马；有人说他去了新马泰……经常受这些信息的强烈冲击，员工的心还能静下来吗？聪明点的员工会反思，自己做的这个行业是不是有问题啊，怎么远没有别人辉煌？

微信朋友圈常常充斥着大量夸大的炫耀：有人宣称自己做电商赚得盆满钵满；有人宣称自己推广积分卡掘得第一桶金；有人宣称自己推销营养健康产品能一夜暴富；有人宣称自己推销妇女用品能实现经济自由；有人宣称在某某网站上唱歌、跳舞能日进斗金……这些发财致富的信息，对员工充满了诱惑，难免会让人心浮气躁，上班心不在焉。

这种炫耀的现象是真有其事，还是海市蜃楼？很多人根本不去深入思考，辨别真伪。即便有人想去辨别，也找不到门路。无奈之下，只能将信将疑，任由它们冲击自己的价值观和人生观。

有一个事实毋庸置疑，在现在的大环境下，很多人加入做微商、电商的行列，不断地在微信群中发各种商品信息。微商有一段时间被捧上了天，好像囤一点货，每天足不出户，对着手机动动手指，就能实现发财梦。为了迷惑众人，有个别微商还发明了一种软件，可以生成虚假的成交记录，每过两三个小时就在朋友圈发一次，让人感觉微商太好做了。面对着一笔笔成交的数字，很多人看了后心动不已。

招摇过市，虚张声势，其目的不外乎把更多的人拉进他们当中去以牟取利益。那么，这些东西真能出成果、出效益吗？明眼人一看便知，赚到钱的永远是站在金字塔顶端的少数人，绝大多数人都是垫背的。不过，在分享经济大环境的今天，也有一部分搞直销、微商的人凭着踏实肯干，做得非常好。无论是直销还是微商，其实都是一种模式，其影响力巨大且传播非常迅速，不断地冲击和影响着传统经济模式。在朋友圈中，我们不去影响别人，别人就会影响我们。

比如我们给众基义齿公司打造团队，团队训练中有一些有趣的活动，最后发现，他们的员工事后并没有在朋友圈发出"团队发展得很好"的内容，而发出了"玩得很高兴"之类的内容。这足以引起我们的深思，员工是想工作，还是想玩？如何有效地在工作中植入更多类似玩耍的内容？企业管理者要想吸引人来，就应该去了解一下员工的所思所想。

有一个我们的亲身经历的例子。每一次节假日后，我们的招聘会效果最好，单位掏钱速度最快。元旦、春节、劳动节、中秋节、国庆节，一旦放假过后，很多单位都要来我们人才市场订四五个展位，派一二十个人来招人。这是什么道理？

节假日放假回去后，很多员工会和同学或朋友聚会。见面时，一些人开着豪车吹嘘："你看我们公司多么有钱。"员工看到的只是表面现象，这些同学或朋友中，没有人会跟他说："我是分期付款买的车。"也没有人会对他说："我买的几套房子都是贷款的，欠了一屁股债。"这些人不说自己背后是个什么情况，只给他结果看。

不明真相的员工一看，心想："哇，这家伙上学的时候还不如我呢，想当年处处在我之后，如今怎么就发了呢？"受好奇心驱使，不由得问，"你的宝马怎么挣来的？你的房子怎么挣来的？"我们知道，现在很多人可能其他本事不大，但吹牛的本事很大。他会绘声绘色地说："我告诉你怎么怎么……"这一吹，那个员工就心动了，就离开了原来的公司。所以企业管理者要想办法让员工相信，通过工作能买到车，在公司有前途、有奔头，不然的话，迟早会出问题。

二、不一样的 80 后、90 后

现在社会上找工作的主力军是 80 后、90 后，当然 60 后、70 后也有，不过所占的比例较小。60 后、70 后就业人群有两个明显的特征：一是他们分层很明显，中间层的比较少；二是他们找工作都追求稳定。这个年龄上有老下有小，须肩负起养家糊口的重任，一两个月没收入就会影响家庭开支。不像 90 后，一个人吃饱全家不饿，也不像 80 后，家庭的担子没那么重。

80 后、90 后能不能吃苦耐劳？答案显而易见。80 后、90 后大部分是独生子女，从小娇生惯养，家长不会让他们吃苦。大部分的 80 后、90 后受过高等教育，会的东西也很多。他们在家里吃得好、玩得好、喝得好，条件好一点的家庭还有保姆，上学有保姆送，放学有保姆接。80 后、90 后去公司应聘的时候，可能这家公司的老总开的是一二十万元的车，而他开的是上百万元的车。如果老总对他说："你接下来努力工作的话，会在这儿赚到一辆车。"这样说有用吗？他多半会鄙夷不屑："我们家里什么都缺，唯独不缺房和车。"

企业管理者如果还在用二三十年前的思维来招人用人，就会产生一系列问题。可能老总在上面讲公司效益怎么怎么好，员工会在下面想："我家里根本不缺这点钱。"有的单位为了笼络求职者会提出："你来我们单位，包吃包住。"可能不讲这个还好点，因为公司提供的吃住条件还不如他家里给保姆提供的。社会在不断发展，环境在不断改变，纯粹的物质已经不能吸引80后、90后了。

有些80年、90后来我公司应聘时，父母会跟着一起来，来了叮嘱我："我儿子（女儿）还是个孩子，赚不赚钱不重要，重要的是你要帮我看好他（她）。"我一想也对，人家就一个孩子，是得看好，于是我在公司装了摄像头，免得搞丢了到时交不了差。这些父母的思想和我们不一样，需要我们去适应他们，难不成让我给这些父母上一堂课？

三、国家大力提倡全民创业

如今国家提倡"大众创业，万众创新"，希望通过创业带动就业。现在办个执照很容易，门槛很低。与此同时，工业园、孵化园、众创空间等遍地开花，各种免税政策、扶持政策比比皆是。很多人跃跃欲试，想过一把自己当老板的瘾。

每年工商部门都要在媒体上发布新增企业的数量，这几年，每年新增企业的数量都是一个可怕的数字，光贵州每年就有几十万家。你去社会上走一遭，会发现"王总""刘总"满天飞。20世纪90年代初海南大开发，一下子激发了国人"下海"的热情。当时有一个说法，一堵墙砸到十个人，其中九个是总经理，还有一个是副总经理。现在，这种情况恐怕有过之而无不及。

不管是"王总"还是"刘总"，被人喊"总"总归是一件舒坦的事，哪怕开的是一家只有两条"破枪"的小微公司，在称谓上，和拥有几千名职工的大企业的老总并没什么差别。这个社会，只要是"总"，出去别人一般摸不清你的底细和实力，无形中为小公司做大创造了有利条件。现在是资源整合的年代，小公司只要资源整合得好，手段高明，完全有可能做出一番大事业来。也别小看小公司，联想、华为、阿里巴巴、腾讯，哪一个不是从小公司起家的。

◎ 你带上一帮员工，别人带上一帮老板，不用竞争胜负已定

在这个市场经济时代，很多单位为了满足员工的自信心，给他们的名片都印上了比较高的职位名称。在以前，我觉得没有这个必要。当自己的一些员工离职后吹嘘谁给了他们什么"总"当的时候，我总是一笑了之。有时候还会挖苦他们几句："为了一个空头名称，至于这么高兴吗！"但这样的现象多了，我开始重视并研究起来，才发现原来这是人的本性。当初的自己，不也希望在名片上能有个好的职位名称吗？人生在世，有几人能摆脱名、权、利的羁绊！

国家是个大平台，企业是个小平台，面对时代潮流，与其作对，不如顺应。时代潮流是任何人都无法阻挡的。大浪滔天，看谁是英雄！

四、公司阶段性发展中的瓶颈

公司多了，各种"公司症状"也就集中爆发出来，呈现出奇特的"公司众生相"。

有的公司开了三五年后，便陷入内斗。与自己人斗比较容易，因为大家都知根知底，你知道他的弱点，他知道你的命门。之所以这样，一个重要的原因是，企业创办之初几个合伙人没有签订协议明确股权。这种现象在国企向民企转变的过程中曾频频出现，其中不乏大企业。

有的公司有三五个股东，慢慢地就出乱子了。下面的人会想，你当了这么久的"老大"，能不能让"小弟"也来当一下？股东多了容易吵架、打架，这对员工的影响非常大，一则动摇军心，二则使公司陷入混乱。有的员工甚至会想："好嘛，你们不合，刚好没时间、精力管我，我可以轻松地去玩。"所以企业股东或高管一定不能当着员工的面吵架。

有的公司刚成立的时候，老总会担心员工创造不了业绩，但企业壮大后就万事顺利了吗？一些企业效益好之后，也会带来一些麻烦和副作用——员工之间互相猜忌和抱怨："你拿得多了，我拿得少了。""你做得少了，我做得多了。"如此一来，内耗就增加了。

很多公司内部出现了各种各样的状况：人才奇缺，能帮助公司解决问题的人才更是奇缺；收入下滑，成本不断增加；人才不断流失；员工活力不够，士气低落等。

"公司症状"爆发，最主要的原因是现在的公司多了，而绝大多数企业的老总并没有开公司的经验。在开公司前，不少老总只是某个公司的员工、中层或高层，有些甚至是社会闲散人员，看着别人开公司热闹，加上国家提倡全民创业，办执照容易，他们头脑一热也开了公司。由于没有经验，他们经营的公司都得摸着石头过河，难免会出现各种状况。这是一个必经的阶段。

大环境的变化给公司带来了诸多问题，公司管理者不得不正视并解决这些问题。任何时候、任何阶段，公司管理者都要慎重，千万马虎不得，做企业如"逆水行舟，不进则退"，公司管理者必须时刻保持一种战战兢兢、如临深渊、如履薄冰的心态。

第四章

招　人

精彩提示：招人看似简单，实则复杂，它涉及好几个环节，诸如公司简介怎么写，派谁到现场去招聘，复试通知书什么时候发出，面试有什么技巧，等等，环环相扣，每一个环节又有许多技巧。只有把上述环节都把控好了，才能顺利地完成招聘工作。

一、招聘启事怎么写

一般公司招聘启事上的内容主要包括：公司的经营范围、实力、发展前景，等等。这样的招聘启事几乎成为所有公司的"标准式"，求职者早已司空见惯，那么，它能打动求职者的心吗？

我们先来看几则征婚启事。

一个满脸雀斑、缺口豁牙、长相丑陋、身高只有 1.4 米的女生，自己吃了上顿没下顿，找对象时提出了这样的条件："身高 1.8 米，五官端正，形象气质佳。有 100 万元以上的豪车 2 辆，上千万元的别墅 1 套，做菜要达到五星级酒店水平。吃苦耐劳，对自己忠心不二，年龄在 30 岁以下。订婚的地点要在马尔代夫或者迪拜，钻戒还得是 10 克拉的卡地亚。结婚的车队除了奔驰就得是宝马，低于 50 辆免谈。"

一个眼小鼻大、不修边幅、身高不到 1.5 米、长得跟歪瓜裂枣似的男生，家中穷得叮当响，每天不是去酒馆赊酒喝就是借钱去嫖和赌，找对象时提出了这样的条件："身高 1.7 米，五官端正，形象气质佳，贤惠孝顺。能生男孩，没有要过朋友，不得有异性朋友。对我父母如自己父母，我几点回家不得过问，你必须每天准时回家。年龄在 30 岁以下，嫁妆中要有豪车和洋房。"

　　一个腰缠万贯的帅气男士，只对女方提出很简单的要求："女，婚史不重要，性格好坏不重要，只要您愿意，我就能让您幸福！相信我重情，您一定能重意！"

　　一个貌美如花、长得像明星的女子，她的征婚启事是这么写的："婚史不重要，性格好坏不重要，贫富不是关键，只要您肯奋斗，我就愿意和您共同奋斗，一起携手到老！"

　　很多人看了前两则征婚启事都会不由自主地发笑，笑过之后，大家能从中悟到一个道理——找对象时，一个人一定要从自身条件出发，去寻找与自己般配的人，否则，不仅找不到对象，还会给人留下"癞蛤蟆想吃天鹅肉"的感觉。当然，在现实中不是没有"癞蛤蟆"吃到"天鹅肉"的，但这毕竟是少数中的少数。

　　企业招人，相当于发出征婚启事，提出的要求一定要和公司的实际情况匹配。在如今单位多、求职者少的情况下，如果能降低一些要求，会更容易招到人。

　　先看看我们众国人才市场在招聘时是怎么写简介的。

　　（1）来我们团队上班能让你开心、快乐！

　　（2）来我们团队上班，通过我们的系统，在三五年内能让你有房有车！

　　（3）来我们团队上班，通过我们的平台，在三五年内你能成为我们的合作伙伴，并能成为公司的股东！

（4）来我们团队上班，通过我们完善的培训体系，5年左右你能成为公司的高管，因为我们会长期派送忠于团队的骨干出去学习，能让你不断地成长！

这样的招聘启事，和上面的第三、第四则征婚启事仿佛有异曲同工之妙，不提什么具体要求，只提抽象的东西和美好的前景。这样去招人，无疑成功率要大很多。

有些大企业在招聘启事中自豪地写道："世界500强企业，年产值上百亿元。"可能是认为，大公司的牌子有强大的磁场，肯定能吸引求职者。实际情况呢？求职者未必会来。

招人好比相亲，你看上了别人，别人却未必看得上你。作为求职者，他不太关心公司是不是世界500强企业，也不会关心公司年产值有多少，因为这些东西和他关系并不大，甚至毫无关系可言。他关心的是什么？很简单，就是他在公司这个平台上，通过付出能得到什么。

实现生活中，总有一些企业一厢情愿，往往觉得，我看上了你，能给你薪水，你没理由不来。有些财大气粗的老总，甚至觉得是自己养活了员工，员工要对他感恩戴德才行。我们身边经常能遇到这样的人：一切看老板眼色行事，唯老板的马首是瞻。他们都把"端谁的饭碗，听谁的话，看谁的脸色"当作工作的原则。这个道理是对是错姑且不管，但员工进公司之前，是有选择权利的。他可以进这家公司，也可以进那家公司。就算进来了，只要他工作得不顺心，也会随时离开。就算你想当"奴隶主"，还要别人愿意当"奴隶"才行。你得仔细想想现在是什么年代！

如果一个公司招聘员工时这样说："你来我们公司干 1 年，年收入能拿到 20 万元，干 2 年，能买 1 套房，干 3 年，能买 2 套房、3 辆车"，那对求职者自然有吸引力。但这些还不够，前边我讲了，现在很多家庭不缺房子和车子。公司还应该关注精神上的条件，比如每个月或者每个季度组织员工开展活动，安排忠诚的员工或者优秀的员工度假和旅游。员工来公司就是为了追求物质和精神上的满足，不管是现场招聘，还是网上招聘，都要写好招聘启事。

很多公司老总感到困惑：为什么用以往的方式招聘不到人才了？为什么用以往的方式吸引不到人才了？他不知道，时代变了，环境变了！10 年前只需要说明公司的需求和要求，就可以轻松招聘到人才，那是因为 10 年前用人单位少，求职者多。而近些年，用人单位急剧增加，企业想要招到合适的人才，就要"换位思考"，反过来了解求职者的需求。

不仅要了解求职者的需求，还要想办法满足他的需求。有句话说得好："要想让别人来满足我们的需求，那我们先满足对方的需求，最后就什么问题都解决了。"同理，满足了员工的需求，那公司的一切问题就都解决了。

企业是一个大团队，会经营的人都是在经营消费者的需求，不会经营的人都是盯着自己的需求。

阿里巴巴现在绝对是超一流的大公司了，想进去谋个好职位绝非易事。可是你知道吗，在阿里巴巴刚刚成立的时候，招聘条件却是非常低的，用马云的话来说："走在大街上，只要一个人不瘸，公司都会要。"

一般来说，在初创期，企业规模还很小，因此会降低招聘条件。而等公司发展壮大，各部门齐全，各个岗位的人都满员后，就会挑员工，提高招聘的条件，并且优中选优。这是为什么？其实道理很简单，因为现在具备了这个资本。有些公司也想提高招聘的条件，不是不可以，关键是要有挑剔和筛选别人的资本。

有一家公司招一名文员，提出的要求是："形象气质佳，本科以上，28 岁以下，身高 1.6 米到 1.7 米之间，文字功底好。每天工作 12 小时，加班随叫随到，薪资每月 1800 元。"这样肯定就很难招到人了！别人一看，要求又高，事情又多，钱还不多，谁愿意去！所以，如果公司的薪资没有优势，就要适当降低一点标准。

要是招聘条件不高还招不到人的话，那只有再降条件。而且降低标准后招来的人，将来忠于老板的可能性要大一些，跳槽的概率也很小。因为一个自身条件不是很好的人被公司录用，一来，他会感恩老板给了他机会；二来，别人挖角的概率也不大。这就好比一个不太优秀的男人，找了一个姿色一般的老婆，在生活中能让自己省心和放心。相对来说，在公司规模不大的时候降低对求职者的条件，是对自己最大的保护。

在招聘的时候，给一些非常难招聘的行业换一种称呼，有时会收到意想不到的效果并解决很多问题。曾有保险公司委托我们单位招人，我想，现在的人普遍对保险公司比较反感，不妨把名称改为"金融集团"，淡化人们对保险公司的反感。同时，现在的人对保险公司的业务员也比较反感，我思考后想到了"内勤话务员"和"内勤文员"——这两个名称也不离谱，业务员经常要给客户打电话，就是"话务员"；业务员经常要起草一些文书，就是"文员"。

　　有时换一种说法，会给员工提供更广的晋升空间。比如业务人员比较难招，我们就建议招聘单位把"业务人员"改为"业务经理"或者"业务主管"。这样称呼一换，有时候会对招聘有很大帮助。人人都想当领导，看到有上升空间，他们的工作积极性也会更高。在众国人才市场，每一个员工都有上升空间——你总要让员工看到有一个地方能摘到桃子吃。

◎ 招聘启事要切合实际，改变策略

二、现场招聘派谁去

如果要招聘形象气质佳的女性，公司安排什么人去现场招聘，成功率要大一些？如果要招聘形象气质佳的男性，公司安排什么人去现场招聘，成功率要大一些？如果要招聘学历比较高的人，公司安排什么人去现场招聘，成功率要大一些？……这些都需要招聘单位进行思考并拿出应对措施。

很多人都深知"商场如战场"，殊不知，招聘市场的竞争比商场更为激烈。在公司跑业务的时候，老总知道派公司的精锐去和别人竞争，在招聘的时候，却偏偏派一些文员去。国家和国家之间的竞争本质上都是人才的竞争，公司亦如此。如果不能把优秀的人才吸引到自己的团队，老总又哪来精锐和别人竞争？

我一直在讲："人才是招聘不来的，人才要么是被吸引来的，要么是打磨出来的。"要想筑巢引凤，就得栽下梧桐树；要想吸引蜜蜂前来，就得种下花海。

有一家酒店招聘厨师，他们安排厨师长去现场招聘。厨师长穿一身白大褂，头顶厨师帽，在那儿一坐，想要应聘厨师的人不用看招聘海报，就知道这个展位上在招厨师。交谈中，厨师长绘声绘色地描述了炒菜时的每一个动作，还谈到做厨师的诸多好处，比如用厨艺追求自己心仪的女朋友，用厨艺让自己的人生更加精彩，打动了那些想应聘厨师的求职者。

　　有一家公司招聘保安，他们安排保安队长去现场招聘。这位保安队长穿着保安服、头戴保安帽，一直以军姿站立着，不一会就吸引了几位小伙子围到了他的展位上。几个小伙子问："大哥，你是军人出身吗？"他回答说："我不但是军人出身，而且在这家公司当保安队长有 5 年了，当初我只是一个小小的保安。"小伙子又问："你为什么要选择当保安呀？"他回答："我年轻时就很崇拜军人，所以就参军了。在军队学习到格斗技术和很多文化知识。人活着就是要做自己喜欢的事情，这样才能做出更大的成就。我在部队立过三等功，退伍后，我觉得不能把这一身本事给丢了，所以就选择了做保安。去年有一天，有一个小偷在小区准备偷业主家的财物，我发现后，马上追上去，这才让业主的财物没有受到任何损失，业主得知后送了我一面锦旗。因为这件事情，公司还表彰了我。"几位小伙子听得非常入迷。

　　这位保安队长接着讲："年轻人做保安，不但能拥有一份稳定的收入，还能锻炼身体。人生在世赚钱是小事，有一个健康和强壮的身体才是大事。不管我们赚了多少钱，只要进了医院就都是纸……"他的招聘就像是一场演讲，越说越起劲，小伙子们越听越入迷，而且听众还在不断地增加。就这样，这场招聘会他招走了 20 多个人。

最后他还说了一句："我们目前只需要 10 个保安，你们下午来复试的时候，我还要从中挑选，优秀者留下，不优秀者将被淘汰。"小伙子们异口同声地说："一切听您的安排。"巧的是，他旁边的展位也在招保安，但没有一个人给这家单位投简历。

有一次招聘会现场，某展位招聘服务员，招聘者是一位大堂经理和一位领班。她们都穿着职业装，脸上化了一点淡妆，一副精神抖擞的样子。她们站了不一会儿，就吸引了几位小姑娘前来围观。小姑娘问："你们这里在招聘服务员呀？"两位招聘者积极地回应："是的，你们以前做过服务员吗？喜欢这个职业吗？"几位小姑娘有说做过的，有说没有做过的。她们两位不慌不忙地递给每一位应聘者一张简历表，让她们先填写自己的简历。

在应聘者填写简历的时候，大堂经理开始讲述她的职业生涯："我当初是因为无奈才做服务员的，因为家庭比较贫穷，没有更多的钱供我上学读书。我学历比较低，走入社会后发现只能做工厂的普工和饭店的服务员。前期我也换了很多工作，但最后发现还是服务员的工作比较适合自己。我认为女孩子在饭店工作比较安全，也没有工厂那么辛苦，还包吃包住。"

后来她还低声地说："有时候，客人会把茅台拿给我们喝。有一次，客人还送了我一箱红酒，虽然酒店规定不能拿客人的东西，但客人坚持要送给我们的话，酒店也会同意。经过在酒店勤奋努力的锻炼，去年我当上了大堂经理，收入也涨了。今年打算和男朋友结婚，我们的房子都装修好了。"在她细致的讲述下，不一会儿，前来围观和填写简历的小姑娘就有三四十个了。临收场的时候，她们收到的简历至少有 50 份。行业内一直说服务员不好招，但这位大堂经理破除了"魔咒"。

这些，都是我亲眼所见。既然搞人才市场要做好招人工作，我就要了解这个行业的方方面面。"没有调查就没有发言权"，每一次我都会认真观察招聘和面试的每一幕。

曾有学员提出疑问："李老师，招聘厨师、保安、服务员都很有针对性，比较容易'对症下药'，而有些职位，比如业务员、工人、财务人员、带'总'的职位，是很难把控的，又要如何做？"

结合我历年来的招聘会经验，下面给大家支支招。

如果招聘业务员，应该安排业务经理或者业务骨干去招聘，他们能把做业务员的好处阐述得淋漓尽致，而且他们还能说出很多从业务员晋升管理层的成功案例。如果招聘工人，应该安排工程师或者厂长去招聘，他们能描述出从工人晋升到工程师、厂长的过程。如果招聘财务人员（包括收银员），应该安排财务总监或者财务主管去招聘，他们能描述出从普通财务人员（包括收银员）晋升到财务总监或财务主管的过程。如果招聘带"总"的职位，最好是董事长直接出面，因为这种人关注的已经不只是物质或者精神上的需求了，他们关注得更多的是"士为知己者死"的志同道合。

常言道："人往高处走，水往低处流。"从表面上看，求职者是来找一份工作，实际上他们内心深处都期望通过某个职位能到达某个高度。

公司在发展的过程中，会遇到这样那样的问题。我们公司曾面临一个问题，就是公司内部有时女员工比较多，有时男员工比较多。当女员工比较多的时候，这个团队就显得比较柔弱，缺乏阳刚之气；当男员工比较多的时候，又会缺乏一些温柔细腻的感觉。我们遇到"阴阳不平衡"的时候是怎么做的？

当我们公司女员工多、男员工少的时候，就会安排女员工去招聘，而且挑对公司忠心、形象比较好的人。招聘之前，要求她们化一些淡妆，穿着整齐统一的工装。这一招果然有奇效，有很多男士就围在展位前面投递简历。

◎ 在招聘现场，招聘技巧和手段很重要

当我们公司男员工多、女员工少的时候，如法炮制，安排公司最帅的男员工去招聘，同样要求他在去之前穿上西装，打上领带，头发还要喷上啫喱水。

有一次，一个帅哥来我们单位复试，我问他应聘什么职位，他居然说不知道。我又问："那你为什么跑来应聘？"他说他就是喜欢来我们公司上班，让他干什么工作都行。当时我比较忙，看着面前这个很有精神的小伙子，也就没有再用更多的面试术语去测试，直接录用了。后来上班久了，大家都熟悉了，在一次公司活动上，我想起当时那一幕，就问他为什么来应聘，他很实在地表示："当时也不是简单地为了一份工作而来，我还单身，看到公司有这么多美女，就想在这里不但能得到一份工作，说不定还能找到女朋友呢，那不就一举两得吗？"他还告诉我，当时在我们公司隔壁展位上的招聘单位的待遇还要高些，但是那个招聘的小妹妹看起来"土"了点，他就没去。

经过他这么一说，我如梦初醒。我们都有过青春期，谁不想找一个心仪的异性朋友呢？很多单位出于对公司的考虑，会有这样的规定：不允许员工在内部谈恋爱。内部员工谈恋爱，对管理而言，有时候确实会造成很多不利影响。比如：女朋友被其他同事批评了，出于保护的本能，员工很可能在不问青红皂白的情况下，为了替女朋友出气，去和对方理论。

不过在现实中，作为老总或高管，不应该单纯为了减少管理上的麻烦，而去制定一些类似的制度。老总或高管不应该只是一个企业的经营者或者管理者，还应该担负起社会责任。这就是我们后面讲的导入家庭文化，让员工在企业中感受到家的温暖，使他更加融入企业。如果老总或高管担心内部员工谈恋爱会影响工作，或者给公司管理带来麻烦，我们会有专门的课程，阐述如何管理好恋爱中的员工。

在招聘会现场，情况瞬息万变。如果公司人事专员来招聘，给他的授权不够的话，往往会导致他不能及时做出调整，进而影响公司的招人。以下一些情形，在人才市场中经常能看到。

在招聘会现场，如果人事专员发现自己这里的底薪是 3000 元，而别人的底薪是 3500 元，甚至 5000 元，结果可能是一份招聘简历也收不到。这是人事专员的问题吗？如果旁边有一家单位标的底薪是 1 万元，这时的人事专员不但招聘不到人才，就是坐着也会很尴尬。隔壁和对面的招聘单位还不停地说："小妹妹，你来我这儿上班吧。你看看，我这里的待遇比别人那里好太多了。"这无疑是火上浇油，人事专员会越坐越不好意思。

在招聘会现场，人事专员一个人坐在那里，而他左边的公司坐着三个人，右边的公司坐着五个人，对面的保险公司站着十来个人，这十来个人又是鼓掌又是呐喊的。刚有一个应聘的人想来他这里填简历，马上就有五个人把他拉过去。这个人事专员想反抗，看了半天心想："算了吧，不要人没招到，反而还挨一顿打。"

再来看看保险公司，他们一来就是一帮人，为什么？因为他们很重视招聘会现场。保险公司只要来现场招人，就会把其他工作都停下来，并规定所有的员工必须来现场。到现场后，他们统一穿上西装、白衬衣，打着领带，整齐威武，声势浩大，其他公司无人能及。

保险公司的员工热爱学习，擅长学习。在我们开办的每一场培训会中，无论是招人、用人的课程，还是打造团队的课程，都有几家保险公司的学员前来学习。这还不算什么，他们会长期邀请包括我在内的很多专业的老师去做内训，别人的很多经验都被他们学到手了。

企业到了招聘会现场，不要理所当然地以为可以吃现成饭，在企业和员工之间还隔着一大步，凡事要靠自己去积极争取。一些灵活的公司为了招到人才，在招聘会现场会随时调整要求和待遇，看到旁边的公司底薪标 3000 ～ 5000 元，他马上标 8000 元，旁边的要是标 8000 元，他就标 1 万元。求职者基本上是以薪酬高低作为评判标准的，哪个公司的薪水高，哪个公司的桌前人气就旺，甚至被围得水泄不通。

很多时候，高薪不过是一个噱头。如果老总能亲自来现场，他就能根据工作量和同行或者同职位的标准来权衡利弊。至于这待遇最后根据多少工作量发放到员工手里，只有老总或高管在现场招聘时，才有决策权。老总或高管来到招聘会现场的好处是可以根据实际情况迅速地调整待遇和要求，如此才能招到更多的人才。

很多老总在招人的时候只派一个员工去，看到他两手空空回来，就责问他："你怎么没招到人呢？"员工听了之后可能会非常委屈，本来他对老总还有些感情，这么一来对老总的感情也就淡了，甚至会对公司失去信心。

老总和员工谁的气场大？如果你派的是人事专员，人家派的是高管，那你的气场明显就弱了；如果你派的是主管，别人坐的是董事长，也能马上感觉到他们的不一样。因为这种从骨子里透出来的气场不是两三天就能形成的，而是经过长期训练练就的。我长期给公司做培训，只要公司的几个人出来一发言，我就能从他们的气场上判断出谁是老总、谁是员工。

如果单位急需招人，一定要派高管去招聘现场，如果不着急，那让行政或人事专员去就行了。最好不要派公司新来的人事专员出去招人，因为这个时候他的心还在左右摇摆，还没有放在公司。这就好比你和一个女孩子才认识没有几天，或者你们在试着谈恋爱，她对你的感情还不够稳固，双方的价值观也还在碰撞和适应阶段。搞不好她看到别的优秀男士就动了心，回过头来对你挥挥手，"拜拜，我们改天再坐"。当你们结了婚，有了孩子，情况就会大不一样，要是有人胆敢欺负你，她会挺身而出："那是我老公，揍你！"

我们公司就发生过类似情况。有一位人事专员到公司还不到3天，管理人员就把他带出去招人，结果不但没有招进人来，连他自己也跑了。究其原因，就是他初来乍到，对公司的感情还不稳固。招人者被招，这件事说起来既气人又好笑。事后，我对公司管理人员进行了批评。

有一次，我们公司一位资深管理人员带领几个新人去发传单，然后办自己的事情去了。临走时，他对新人说："我接到一个重要客户的电话，不得不去。"结果，他倒是回来了，却把那几个新人给"丢"了。

对此，我也在不断地总结经验，并采取相应的防范措施。我告诫高管们："以后再有这种情况，哪怕发生天大的事情，你也不要离开，一定要盯着他们。你把新人放在那里，别的单位的高管一吸引，他们就可能走了。"同时提出明确要求："你带几个人出去，就带几个人回来。"从此以后，我们公司再也没有发生过"丢人"事件。

"与其让一个人来招聘，不如让一个部门的人来招聘；与其让一个部门的人来招聘，不如让一个公司的人来招聘。"这是我这些年总结出来的招人经验。

三、复试通知单怎么发

招聘工作一环扣一环，有时一着不慎，可能会导致满盘皆输。这种前功尽弃的事情，在一些公司频频发生。

有些公司的招聘专员从招聘会回来后，带着点炫耀的神情跟老总报告他发出去了多少份通知单，然后就坐在办公室等应聘者上门。结果等来了吗？

结果他们望穿秋水，也没把人等来，然后开始抱怨："咋搞的？为了招个人，我昨天不知发了多少通知，结果却一个也没来。"

他失败在哪里？

其实单位招人，就和媒婆给征婚者介绍对象是一样的。在招聘会现场，除了你会发通知单，别的单位也会发通知单，而且别的单位很可能当场就把人领走了。有些公司的老总不但会把应聘者直接领走，而且还会请他在公司吃一顿饭。俗话说"吃人的嘴短，拿人的手软"，应聘者心里一软，就直接留在这些单位上班了。这就好比相亲都成功了，如果当时不把女方领回去，很可能会功亏一篑。

所以，关键是发了复试通知单后不要等，后面的措施要及时跟上。

比如，对求职者说："我们本来准备面试其他人的，看到你这么优秀，就先录取了。"对方听了多半会感激你的慧眼识才，然后就义无反顾地来了你的公司。如果公司条件好，晚上在食堂请求职者吃个便餐，他会感到舒服，心里多半还会美滋滋地想："不错，来这里还能吃顿饭，在其他地方面试可能就没这么好了。"对求职者这样悉心体贴、关怀备至，如果其他公司在这方面略逊一筹，那坐在办公室空等的人肯定就是他了。

人都需要归属感，招人时可以采取一些必要的手段，让求职者产生归属感。比如准备一辆车，如果招到人，现场立马拉走，并明确告诉求职者："早上我们初试，下午我们面试，面试完后就直接可以参加我们的内部培训了。"即便准备好了车没招到人，关系也不大，车是公司的，到时开回去就行，不用费多大事。有备无患永远比无所准备好。培训就是给别人的脑袋里装自己的思想，当天就把公司的思想和价值观灌输到求职者脑中，第二天告诉他："你被录取了，直接来上班。"如此一来，何愁招不到人！

招聘会现场有很多人围在展位前时，不要给所有你认为合适的人都发出复试通知单。如果这样做，很有可能许多求职者到时候会不来。道理何在？因为每一个人都认为自己比别人优秀，他看到你给任何人都发复试通知单，就觉得不能体现出他在你心中的重要性。人人都需要存在感和优越感。

以前单位招人，可能发二十几份通知单，会来二十个人，现在呢？恐怕发出二十份通知单都没几个人来。现在的形势和以前截然不同了，很多方面都发生了变化。

面试通知单的内容也很重要。年轻时，特别是读书时，男孩子一般都不敢向自己心仪的女孩子当面表达爱慕之意，于是转写情书。有的男孩子一份情书就打动了对方，有的男孩子发出无数份情书却石沉大海。这里面虽然有多方面的因素，但文笔是一个重要的因素，因文笔好而一纸定终身的也不少。如果把面试比作是相亲的话，那复试通知单就是情书。我们都知道，情书是为了打动自己心仪的人，那复试通知单就是为了打动求职者，要好好思考后再慎重落笔。

我们众国人才市场给求职者的情书是这样写的。

某某您好，在人海茫茫中有缘在人才市场相识，是一种缘分。在众多求职者中，我们的招聘简章吸引了你的视线并驻足停留，也让我们有机会在众多求职者中选择你。在发出每一份复试单之前我们都是慎之又慎，因为见面只是缘，我们期待着与您进行进一步的深入交流。我在这里代表我们公司的董事长、高管及同仁欢迎您下午前来我司复试，我们期盼您的加入，也相信您是一个讲信誉、守诚信的人。下午两点钟，我仍准时在面试室等你！

很多求职者接到我们的复试通知单后，都欣然前来面试。

四、面试要拿捏好

求职者来公司面试，可以说是半条腿已经踏进了公司的大门，不过，这并不代表求职者一定会来公司工作。此时，作为公司主试官，一定要拿捏好一些细节。

面试的时候，很多老总或高管往太师椅上一坐，往往给求职者带来居高临下、盛气凌人的感觉，这样面试的效果会好吗？

大家都有相亲的经历。一个男孩看上一个女孩，在电话里对她说："我们在某某地方见面。"女孩翩然而至，男孩面对女孩美丽的身影，会不会自己找个老板椅坐下，却让女孩坐在凳子上？如果这样，恐怕这个女孩马上就会拂袖而去，心里还会奚落这个男孩："该你一辈子找不到老婆！"

相亲的时候，不管是在咖啡厅还是在火锅店，男方要绅士一点，主动给女方挪个位置，让女方赶快坐下来，然后把菜单拿给女方："你看看你喜欢吃点什么？"不断地献殷勤。菜上来后，男方又不停地拿公筷给女方夹菜，眯起笑眼说："来来来，吃吃吃。"如此才能让女方心生好感，如此才能获得芳心，两个人才有可能接着走下去。

　　相亲是男方看上女方，还是女方看上男方？同样，企业发通知单的时候，是企业看上求职者，还是求职者看上企业？其实在面试的整个过程中，很多地方都跟相亲有相似之处。所以老总面试的时候，从座位安排开始就要平等。大家应该坐在一个平等的环境中，让求职者享受到公平的待遇，他的心里会顿生好感，觉得这家公司还是非常文明礼貌的。有了这良好的第一步，求职者才有可能留下来。

　　老总身先士卒至关重要，要求员工做到的，自己要先做到。这方面我自认还是做得比较好的，注重礼貌，对于不同的人会点头或者鞠躬，我手下的很多员工看了不明白，问："你为什么要这样子？"其实，我就是做给员工看的："看好啦，我都是这个样子，你不要给我摆出一副自大的样子。"让他们懂得谦逊有礼是和人打交道必备的基本素质。

　　员工一进公司，就会观察老总的言行，然后观察骨干的言行，他一看："噢，原来是这样的。"根本不用任何人跟他讲，他自然就懂得了。高管学老总，骨干学高管，员工学骨干，一层一层地复制。只有老总做出一个好的榜样，才能把优秀的人才留住。

　　面试的地点是有讲究的，不要在老总的办公室，也不要在高管的办公室，而要尽量在会议室进行。在老总或高管的办公室，会给求职者一种压迫感，破坏了交流的平等性。

　　我在这一点上做得算是比较彻底的。在我们公司，我根本没有给自己设立办公室，之所以这样，是因为我要让员工看到，我坐在哪里都可以办公。所谓上行下效，如果老总专门有个特别大的办公室，公司二把手就会想："老总你有 200 平方米的办公室，我是二把手，是不是要个 180 平方米的？"三把手会想："我应该弄个 150 平方米的办公室。"四把手一看："我要求不高，来个 100 平方米的办公室就行。"一层一层，以此类推，大家都会争先恐后地要求安排办公室。

员工一看，当领导的都有独立的办公室，心中就会不平衡："我在这里哼哧哼哧地做事情，你们只在那里讲废话，居然还有专门的办公室。"如此一来，容易在上下级之间形成隔阂，不利于公司开展工作。如果老总这时对员工说："我很欣赏你，跟我干一辈子吧，我一定一视同仁，我们是合伙制，我们都是老总。"员工会觉得他的话是虚情假意。

以前我对求职者的时间观念十分苛求，他迟到一分钟，我都不会让他进来。但是，现在形势变了，不好招人了，再遇到求职者迟到半个小时，我会温柔地说："小弟弟，路上是不是堵车了？没事没事，先坐在这儿，我也没到多久。"来个客气的，他会说："是是是，我不小心走错了，对不起，我来晚了。"来个不客气的，则说："你们这个地方，找了半天没找到。"我会笑脸作陪："一回生二回熟，下次你设个导航定位就找到了，省得走到别人家去。"时代在不断地变化，不能再用以前的思维做今天的事情。

最好不要两个人同时去面试应聘者，因为每个人说得再好，也不可能完全统一意见。不妨多面试几次，老总一次，高层一次，行政一次。面试最怕的就是两个人意见相左，结果把求职者吓到了。此时，求职者见情况不对，会说："我回去考虑一下。"这一考虑，就不知道考虑到猴年马月了。

哪个部门用人，就由哪个部门面试，如果老总用人，那就由老总面试；如果是销售部用人，就由销售部主管面试，否则，很可能弄巧成拙坏了事。反正人招来就行，每一次只要结果，不要去管过程。

人招进来以后，招人部门和用人部门要有一个好的交接机制，否则，老总开会的时候问人事部门："为什么人没招来？"人事部门回答："怎么没招来，我们都招了 100 多人。"用人部门的主管则说："那 100 多人都没办法用。"如此一来，就会扯皮。老总很可能只能无奈地说上一句话："下个月继续去招人。"最多再叮嘱双方："你再招人时给我多把把关。""你用人时好好用。"这到底是谁之过？其实，双方都没错，问题在于交接不顺畅。

面试时，有很多面试官就像在审问犯人："你以前干过这个工作吗？有多少年的工作经验？"我们来思考一下，如果求职者在这个行业有 10 年的工作经验还跳槽，你认为他能力强吗？

如果应聘者有经验，他还会来你公司吗？所以根本不要去问，大多数情况是会者不来、来者不会。你要找会的，对不起，没有，都在别人单位里。对于一个经验丰富、能力强的人，他的前东家怎么舍得放他走？

看看在我们公司，我是怎么问的。我会问对方："你喜欢这个工作吗？""喜欢。"这就像相亲时，男生喜欢女生，直接向对方表白。其实，如果求职者不喜欢，就不会来，来了大多数都是喜欢的。喜欢就好办了。

然后我问："我愿意教你，你愿意学吗？"这么一说，基本上就能把对方留下来。兴趣是最好的老师，一个人只要做自己喜欢的事情，他就会想方设法把它做好。

为了进一步打动求职者的心，面试时，最好给他播放公司开展活动、开展培训课程的视频，把最完美的一面呈现出来。画面上，公司员工人山人海，又是发工资，又是发奖金。求职者看了后，可能半天不说话，但他心里可能已经喜欢上了这家公司。有的求职者虽然不能准确地说出喜不喜欢，但看了以后肯定觉得这家公司还不错。

接下来，再给求职者讲例子："我们公司的某某只有小学文化，跟我干了一年，就买了2套房，到了第二年，又换了3辆车。"这样的例子，一定要真实，千万不能欺骗求职者。如果你公司里边没有这样辉煌

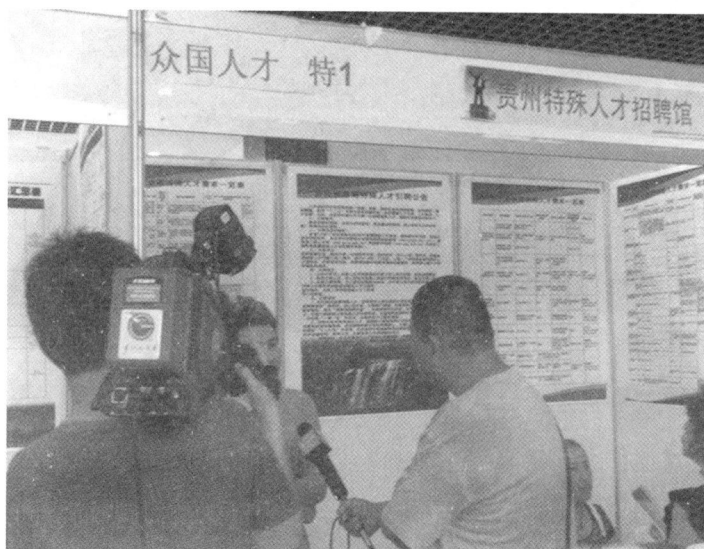

◎ 面试要拿捏好细节

的事例，也可以说一个月薪或者年薪比较高的员工的事例，或者一些比较典型的事例。只要把公司有特色的事例描述出来，求职者就会想："小学文化干一年就这么厉害，那我是本科生，应该比他更厉害。"顿时萌生要在公司大干一番的激情。

作为企业管理者，要在各个方面替员工着想，关心员工、体贴员工，进行人性化管理。这一点，要从面试开始就让求职者感受到。如果求职者最后留在公司上班，那他自然会将心比心，对公司投入更多的感情。哪怕求职者没来公司上班，去了其他地方，也会给他留下好印象，很有可能时不时地为公司做宣传，甚至介绍他的亲戚朋友、同学前来应聘。要永远记住言传身教的重要性。

五、招人机制的设置

常言道："火车跑得快，全靠车头带。"但在现实生活中，为什么火车跑不过动车和高铁？因为火车只有一个车头有动力，而动车和高铁的每节车厢都有发动机。

如果想让整个公司的员工都愿意一起来组建团队，就得制定出相应的全员招聘机制。十几年前我刚创办企业的时候，每天为了招人搞得焦头烂额，除了招聘不到人才的问题，还存在来了几天人就跑了的问题。

当时，我只知道生气及批评管理人员，有时候气得连饭都吃不下。后来我发现，生气和批评别人不但解决不了问题，批评的次数多了，还会影响整家公司的经营发展。

看着别人的企业蒸蒸日上，我作为帮助别人招聘的公司管理者，却连自己的团队都组建不好，这样下去怎么能让客户信任自己呢？那段时间，我每天都在忧愁和思虑中度过，虽说也想了不少办法，但效果总不如人意。

于是我想，这种闭门造车、坐井观天的思考效果太慢太差了，与其浪费时间一个人思考，不如走出去到处看看。随后，我考察了全国三分之二的优秀企业，去了全国三分之二的城市，聆听和观看了无数老师的讲解和课程。取经之路虽说很艰辛，但积累了知识，增加了阅历。

慢慢地，我为公司制定出了一套完整的招人、识人、选人、用人、留人、育人机制。在这里先给大家分享一下我们的招人机制。

（1）以谁用人谁招人为原则，哪个部门缺人，就由哪个部门自己安排人去招聘。

（2）招聘者招聘进来的新人上班1个月以上的，奖励招聘者100元。在3个月内，如果连续招聘进来3人，升职为部门的部长，每月增加200元的职位津贴；如果连续招聘进来6人，升职为主任，每月增加400元的职位津贴。以此类推，上不封顶。

（3）业务类职位，除享受以上招聘奖励和职位津贴以外，还享有招聘进自己团队的员工总业绩 3% 的提成。

这套招人机制虽然只有寥寥几行字，但有很大的作用，使公司整个面貌发生了巨大的变化。从此以后，我再也不用担心没人去帮我组建团队了，大家都是抢着去招人，我也不用再担心才来几天的员工一转眼就不见了。因为谁想当官，谁就自己去招人；谁想多赚点钱，谁就自己去组建团队。在新来的员工面前，老员工中也没人说公司不好了，因为他自己招聘的员工跑了，损失的不只是公司，还有他自己。

在我服务其他公司的时候，这套招人机制也很有效，特别是招聘工厂的生产工人、餐厅的服务人员、各种销售类职位时，效果尤其明显。

六、招聘渠道的选择

到现在，还有一些公司比较喜欢在报纸上打招聘广告，有效果吗？有时我看报纸上有企业打了整版的招聘广告，还连着打了好几次。报纸广告费不低，一个版没个两三万元是拿不下来的——即便找到大代理公司拿到折扣，也不可能低于这个价。当然，只有全国性的大公司，才有这个实力花这么多的钱打招聘广告，一般小企业是出不起这个钱的。花了这么多钱，招聘效果好吗？可能不用我说大家都明白，效果好的话，打一次广告就够了，打上三五次，其效果可想而知。

其实，在报纸上刊登招聘广告，只是招聘的渠道之一。现在的招聘渠道非常丰富，早已不是当初的单一方式，现场招聘、大型会展招聘、专业杂志招聘、猎头招聘、委托招聘、校园招聘、网络招聘、员工推荐、熟人介绍、人事外包等，不一而足。求职者早已知道，单凭报纸是很难获取企业信息的，招聘早已专业化了，由专门的招聘机构来做。我们众国人才就做专业化的人才招聘工作。

搞了这么多年的招聘工作，我对这方面也算有所研究，摸清了很多规律，知道哪些职位在某些招聘渠道招是徒劳无功的，只有通过别的渠道去招才有效。比如，线上很难招到工人、总经理；现场很难招到副总经理以上的职位——因为真正能当副总经理的人才，大多是不会来招聘会现场的，他们知道，去了也不会有多大收获。现场招聘会招聘的，大部分只是一些文员，在现场收集一下简历表而已。当然，如果公司要招聘一些基层人员或者没有太多工作经验的人，现场招聘会可以作为首选。

有的企业参加校园招聘会时会挂出"要招若干名清洁工、电工"的广告。天哪，这是大学校园，怎么能在高等学府招这些职位呢？大学生即便看了想去，也不好意思当着那么多双眼睛报名。虽然说工作没有贵贱之分，但是让大学生一毕业就去当清洁工或者普通工人，这也着实让人难堪。

校园招聘适合哪些职位？我从多年的经验得知，基层的文职类、营销类、设计类、储备管理类、编辑类、实习教师类、主持类、财务类、实习医生类、护士类、服务类等工作职位都比较容易招聘成功。而在职位设计上,如果和大学生的爱好、理想差距太远的话,就算当时招聘到了,一段时间后这些大学生也会跳槽离开。这对公司自身也是一种损害。

公司要善于运用各种招聘渠道才能招到自己想要的人才。对于专业性比较强的职位,公司一定要根据实际情况来设置,这样才能有的放矢。

七、人才是招聘来的吗

很多企业管理者有一个认识误区,以为人才是可以招聘来的。其实,他招来的仅仅是一个人,后面没有"才"字,或者说他招来的只是一群人,不是团队,只是团伙,有些连团伙都算不上。

人才不是招聘来的,也是招聘不来的,招聘来的大多只是人手、人头。

为什么说招聘来的是人手、人头?因为你不去招这个人,就会去招另一个,这方面的人学校和培训机构早就为你培养好了。你把他招来,也只是因为公司运作需要这么一个岗位。他所能做的只是一些日常性的辅助工作,并不能对公司的发展壮大起到关键作用。

现代社会中,只会单一技能的人很难叫作人才,你就是有很牛的发明创造,让它躺在实验室中不加以应用也还是一张废纸。如果王选发明了五笔字型但不把它推广应用到计算机上,他能称为人才吗?他能称为企业家吗?恐怕都没几个人知道他。

具体到一个公司的财务人员来说，如果他只是记记账，而不能从财务的角度上来对企业做出有用的建议，那他只是公司的人手，不是公司的人才。厉害的财务人员，他做的工作不仅仅限于财务记账，他还会做个有心人，把公司生产、经营、销售、宣传、推广各方面都涉猎一番，并站在公司老总的角度，上下通盘考虑，身体力行实践，不辞劳苦钻研，呕心沥血深思。这种人会成为公司的中流砥柱，对公司的发展壮大起到关键作用。

这样的人才，是最实用的人才。他不像公司大多数员工，保持一种打工心态——你付我多少工资，我就为你干多少活，多干一点都是浪费，多干一点都不划算。

这样的人确实"精明"，因为他不会当白干的"傻瓜"，等价交换的原则牢牢记在他心中。但是，这是一种粗浅层次的"精明"，他没有想到，他今天的每一分付出，虽然没有对应的回报，但都会成为他明天成长的基础。而只有他自己成长了，变得有价值了，才能换来更多的真金白银。

现在持打工心态的人比比皆是，一个公司百分之九十五以上的人都持有这种心态。老板给我多少薪水，我就干多少活，除此之外的工作关我什么事，我就是干了，老板也不会多给我一分钱。殊不知，这样的心态最终会害了他。

打工心态害人害己，但更多的是害己。绝大多数人在社会上都希望能出人头地。出人头地的人，财富、地位、权力自然随之而来。老实说，谁的内心不渴望这样一种风光的生活？可是，以打工者心态求功成名就，注定只能是解不了近渴的远水，或者可称这种人为"空想主义者"。

打工心态的害处，大多数人仍未意识到。而一部分意识到了的人，由于在这一过程中需要加倍努力，或者由于一些外在因素的干扰，都可能在高度自我成长这一凤凰涅槃过程中夭折。

人才需要一个自我成长的过程。它不是被管理者逼的，也不是靠每个月增加多少薪水利诱的。人才首先必须是一个有见识的人，他能明白很多道理，有正确的"三观"，悟透人生真谛。

悟透人生真谛还不一定就是人才，为什么？因为悟透人生真谛的人很可能从此归隐江湖、消极遁世，觉得世间种种，什么都没有意思，什么都没有味道，那么他身上还有什么主观能动性呢？所以人才除了要悟透人生真谛，还需要辅以积极的人生态度，要不满足于现状，要有理想和追求，要与社会同步前进。剩下来的，就是技术问题。

人才要学会自己给自己创造价值，再待价而沽，否则，你是一块铁，就别希望卖出金子的价钱。就算你是金子，你也不可能卖出金大福珠宝的价格。因为你还只是原材料，要成为上柜的精美首饰，还需要经过设计、打磨。人才要不断地提升自己的各方面技能，有了技能，才有了跟企业管理者讨价还价的资本，才有了"货卖帝王家"的资本。你若只是一根枯柴，想拿到帝王的金炉里烧，还不够格呢！

人才是能最快适应并融入公司的人，不管他此前干过什么，在哪儿干过。这实际上已无关技能了，是意识。他在潜意识中把自己当作公司的人，并为公司发展尽心竭力，哪怕他一开始水平比别人差点，但已胜人一筹。

国企在改革过程中，一再提出的一个原则和要求就是要具备"主人翁精神"。所谓主人翁精神，就是把单位的事当成自己的事干。一旦把单位的事当成自己的事干，那人的积极性、主动性和创造性就全发挥出来了。

一个人把公司的事当成自己的事来做，他肯定会想方设法做好工作。在中国由计划经济向市场经济转变的过程中，为什么国有企业干不过民营企业？为什么经过几十年的发展，民营企业在国民经济中占的比例越来越大，发挥的作用越来越强？就是因为民营企业管理者是在为自己干。他创造的每一份价值，最终都会成为自己的利润。

这与人性也是相关的。人都是自私的，所以资产私有化的口号一经提出，资本主义社会的资本家人人都拍手称快，人人大干快上。如果人人都觉得自己是在给周扒皮当长工，每天起早贪黑也只能混个半饱还吃得不好，请问，还会有积极性和主动性吗？往自己家里每天添一块砖，这是每个人都乐于做的。

国有企业员工中主人翁意识欠缺，这样的问题在民营企业中存在吗？肯定存在！民营企业的效率之所以比较高，是因为企业管理者设置了一系列的管理办法和激励机制，员工只有多干，才会得到更多的报酬，员工如果不干或干不好，很可能就会被企业管理者一脚踢出去。但这并不是说员工就和管理者一条心了，员工永远不会操管理者的心，除非你把员工变成管理者。

俗话说得好："媳妇和婆婆是天敌，员工和老板是死敌。"老人们也长期讲："只有自己也有儿媳的媳妇才能理解做婆婆的不易，才能慢慢和婆婆一条心。"其实说明了一个共同的道理，就是"同频才能共振"。

主人翁精神不是说教出来的，更不是灌输出来的，思想教育只占一部分，最主要的是让所有的员工能感同身受。

我刚开始办公司的时候，除了给员工上思想课程，还有就是灌输自己的价值观。后来才发现，员工在私底下议论："老板就知道天天给我们'洗脑'。"这样的话听得多了，我感到不舒服，也意识到这样做是不对的。

我开始不断地反思，研究那些做得好的企业和企业家们。这几年我反省了很多，学习和总结了很多，更是改变了很多。单纯的培训是不可能解决所有的问题的。

最近几年我改进了方法。培训肯定是少不了的，但培训的方向不似从前，现在我以说理、讲案例为主线，让大家明白事理。当然最终的目的，是把所有的伙伴变成股东或者合伙人。把以前的思想教育改为共同享有名、权、利的方式后，公司的伙伴只要认同我的价值观和思想，没有二心，说到做到，我都鼓励他们直接入股。

这里分享一个案例。我们公司要开昆明分公司的时候，按照以前的情况，只要不涨工资，这个出省单独开辟市场的人肯定会跟我谈待遇和好处。这种事以前在贵阳本地让一个人去完成一项比较困难的工作时就发生过。

这次开分公司，我的要求是只有成为股东的伙伴才有资格去，大家听后都争先恐后地抢着去，最后决定让最大的一个股东牵头做这事。股东在公司是不拿工资的。这位股东是一位二十几岁的女生，离开自己亲爱的老公，放下自己才 9 个月大的孩子，前往昆明。在 4 天之内就租好了办公室，安装好了电话，置办了一切应有的办公用品，而且每一样都是货比三家，采用的是最合理的价格。从抵达昆明到公司正式开业，这位股东没有一句抱怨，始终都是满满的正能量。看到她效率这么高，让人不由得感叹，什么才是真正的主人翁精神！

要培养员工的主人翁意识，除了靠公司的薪酬制度和激励机制，还得依靠员工自身的觉醒。有追求、有野心的，打算破壳而出，自施压力、自我成长的，就可能在公司不断地成长，最终成为公司离不开的一股力量。而那些浑浑噩噩、只是混日子的人，终究只是公司的人手、人头。每一位企业管理者需要清醒认识的是，前者永远只是少数，后者永远都是多数。

有句古话叫："宁要患难夫妻，不要半路夫妻。"很多单位在用人方面还是有些偏重于挖人。其实不是说人才不可以挖，但是在现实中，有几个挖来的人才能和公司一路相伴？有几对半路夫妻能拥有幸福人生？

十几年前，我每年都会从外边挖掘一些人才进入自己的团队，但每挖来一次，团队就被破坏一次。在不断地挖掘和破坏中，我感到自己越来越心力交瘁。后来才慢慢明白，只有自己培养出来的人才最可靠，并且价值观也比较相同。

近几年，为了让众国人才这面旗子能更快地插遍全国，也为了能帮助更多和自己一样出身、经历接近的人，我采取了一些措施，希望这样的人能和自己同舟共济，一起付出、一起发展。但通过这2年的测试发现，这并不现实。

这些经历让我更坚定地认为，不是我们有一颗善心，也不是只要我们乐意帮助别人，别人就会和我们同心、同想、同行。有个词语我不得不铭记并时时提醒自己——各怀鬼胎。

我认为，找加盟代理商虽有很多成功的案例，但是选人也非常重要，否则，比自己开公司还操心。找加盟代理商的目的本身是好的，也能让自己省心，但你会发现，很多时候不但不能省心，反而更操心。从今年开始，我干脆让跟了自己多年的伙伴们入股。与其向外找，不如向内求。

第

五

章

识　人

- -

　　精彩提示：选人、用人、留人、育人，都离不
开一个前提——识人。识人是选人、用人、留人、
育人的基础，如果没有了这个基础，很难做好后面
的工作。这就好比一所房子只有地基打扎实了，才
能修起高楼，否则只能是"海市蜃楼"，好看而不
中用，也不能长久。

- -

一、听其言，观其行

中国有句古话叫"听其言，观其行"，这是我们评价一个人的基本方法，也是识人的主要手段。

生活中，有的人夸夸其谈，讲得天花乱坠，但是不是果真如此？最后能不能做到？这就需要观其行了。言行一致才有人格魅力，否则，那就叫吹牛。遗憾的是，我们这个社会吹牛的人太多，已经形成一种不好的社会风气。反正吹牛不用纳税，吹牛不会坐牢。吹不吹是我的事，信不信是你的事。

人还有一种奇怪的心理，对一些人吹的牛虽有所怀疑，却又宁可信其有。有人吹牛说他银行存了 100 万元，听的人出于功利目的，会不由自主地巴结他，其实人家未必会拔一根毛给你，但听的人总会幻想将来能不能沾点光，这无形中助长了社会上吹牛的风气。

一个人说什么并不重要，重要的是看他做了什么。员工对管理者讲得再多，管理者未必会相信，他在看员工在做什么。所以，与其不停地说，不如做出一些实事给大家看。

"听其言，观其行"，什么样的状态是最佳结果？那就是言行一致。

当言与行高度一致时，这个人就是靠谱的人。什么叫靠谱？简言之，就是凡事有交代，件件有着落，事事有回音。现实生活中，这样的人真的不多。在业务洽谈中，我见过很多玩"花拳绣腿"的人，有的跟你谈得十分热闹，好像下一刻这项伟大的事业就能成功，有的谈得激情澎湃，让你感到好像找到了世界上最好的合作伙伴，可是回去后你在微信中询问事情的进展，他来个"任你千呼万唤，我自缄口不言"，惹你生一肚子的气，真是"奇葩"了。既然你无心合作，就不要表演了，免得浪费大家的时间和精力。

我们都知道，做事要找靠谱的人，聊天找聪明人就行。与聪明人聊天是一种享受，或者智力相当，语含机锋，或者一点就透，会意一笑。但是，聪明人做事未必靠谱，因为语言和行动是两种能力，属不同领域。

前人对此早有认识，所以提出忠告，不要做"语言上的巨人，行动上的矮子"。之所以如此郑重相告，正是因为这种现象在社会上到处蔓延。说是容易的，上嘴皮碰下嘴皮即可；做却是很难的，会面对坎坷和艰难。很多人为理想鼓帆前行，却又在现实中折戟，可见说易做难。

从国家的层面来说，空谈误国，实干兴邦。滔滔不绝，口若悬河，都不可能变出一台机器、一辆汽车。我们要摒弃空谈，崇尚实干，追求言行一致。

言行一致，和先哲王阳明"知行合一"的思想核心有着异曲同工之妙，都强调了人类认知和行动一致的重要性。王阳明龙场悟道，当那些穿着长袍大褂的明朝人围坐在他身边听得如痴如醉时，"知行合一"的思想精华，如他们身边山洞的暗流涓涓流淌了出来，流到500年后的今天。如今，"知行合一"成了整个社会推崇的价值观。

古人在识人方面曾指出，看一个人要分三个阶段：当其幼小时聪明而又好学；当其壮年时勇猛而又不屈；当其衰老时德高而能谦逊待人。有了这三条，安定天下，又有什么难处呢？

这是对人才的最高要求，百分之百做到有不小的困难，不过并不妨碍我们把它当作追求目标。"求乎上而得之中，求乎中而得之下"，把高大的目标当作追求，就有可能成为中等以上的人。相反，如果追求的目标降低了，不能跨越横亘在理想和现实中的坎坷和阻碍，那么只能成为一般人。

一个人想要在有生之年有所作为，立志是第一步，它是攀登巅峰的起点。有志向的人目标明确，他所有的时间和精力都围绕着这个目标去奋斗。韩国前总统金大中早在大学读书之时，就立志当总统，经过30年的不懈奋斗，最终实现了他的志向。金大中对自己性格的总结是"百折不挠"。

"有志之人立常志，无志之人常立志。"立志有方法、有区别。真正有志之人，他立的是常志，凭借毅力和意志奉行不息。无志的人则经常立志，为什么？因为他立了第一个志向后，发现要实现志向太难了，就改为立另一个志向，结果发现也不易，就这样换来换去，一事无成。这种人欠缺的是意志和毅力。

在现实中经常会遇到这样的人，他信誓旦旦地立下戒烟的誓言，说出口倒是很容易，能做到的又有几人呢？有个别的人还会不断地立志戒烟，又不断地复吸。立志并不难，难的是坚持实现自己所立的志向。

5000 年漫长的历史，积聚了老祖宗众多的智慧。古人总结了识人的经验："耳闻之不如目见之，目见之不如足践之""眼见为实，耳听为虚"。实际上连眼见的都未必为实，因为人的眼睛不管看东西还是识人，因为种种原因，都可能会产生错觉。要是识人，难度更大。人是善于伪装的动物，他明明装着一肚子的苦水，却能强颜欢笑，导致别人无法辨别他真实的想法。

举一个我们众国人才市场的实例。有一位企业管理者要上台演讲，我给了她 5 分钟的时间，台下的人看到她在台上镇定自如，语气平静，台风沉稳，不停顿地讲了 5 分钟，都很佩服。在台下交流时她却说，上了台后心里很慌，很多词都忘了，不知道下面要说什么。你看到的现象，往往和实际情形是两码事。要从根本上识人，只有通过实践才能做到。

关于"观"与"识"，古人的思想精华多矣。

古人云："肤表或不可以论中，望貌或不可以核能。"虽说眼睛是心灵的窗户，可以窥见其实在的内心，但人的表现状况是复杂的。要由表及里地准确认识他人，还必须下一番细致功夫，结合实践做全面的考察。

庄子说识人内质要"远使之而观其忠，近使之而观其敬，烦使之而观其能，卒然问焉而观其智，急与之期而观其信，委之以财而观其仁，告之以危而观其节，醉之以酒而观其则，杂之以处而观其色"。

◎ 招人启事上已释放出了识别的信息

　　用我们今天的话来说，庄子提出的识人之良方，其主旨是：将所识之人派到远处工作则难监督，所以可考察他是否忠诚；派在身边工作，容易相熟，没有拘束，故便于观察他是否恭敬；在情况复杂的时候派他去工作，看他的能力怎样；在紧急关头询问他，看他的智慧怎样；在紧迫的情况下和他相约，看他是否守信；托付其管理财物，看他是否贪婪；告诉他危急情况，看他的气节怎样；当他醉酒时，看他能否守规矩；将其放在男女杂处的环境里，看他是否好色。庄子的识人之良方，是前人识人思想的总结，对后人产生了深刻的影响。

　　《三国演义》里，魏延杀了长沙太守投奔刘备，诸葛亮不仅不觉得是一件好事，反而下令把他拉出去斩首。诸葛亮之所以如此不近人情，原因就在于他识透了魏延有反骨，现在他反叛太守，有朝一日也必将反叛蜀汉。果不出所料，诸葛亮一死，魏延就出了问题。诸葛亮无疑是识人的高手。

二、了解人性

想要识人，必须要了解人性。"人上一百，形形色色""林子大了，什么样的鸟都有"，都道出了人性的复杂。我每天都在研究每个人的一举一动以及他背后隐藏的动机和目的。人性包含的内容太多了，根本讲不完，在这里择其一二而述之。

人性有自私的一面。自私是与生俱来的，是人的本性。很多人自己自私自利，却又对别人的自私大加抨击，这恰恰印证了他的自私。

任何时代、任何社会，社会资源都是有限的，而人的需求是无限的。西方经济学对此有一个经典的假设：社会资源是有限的，在有限的资源下，要是大炮造多了，黄油就生产得少了；反之，黄油生产多了，大炮就造得少了。人类永远处于这样一种日益增长的物质需求与较差的现实条件的矛盾中。在这种情况下，任何人想获得资源以维持个体的生存都不易，那么他选择自保就是天经地义的，也符合生物进化的规律。

经常会听到有人说："那个人好自私。"其实，自私无过，需要注意的是，行自私之举时，要遵守一些社会特有的规则，而且不要侵犯其他人和社会的利益，否则，肯定要受到道德的鞭笞。一句话，要学会"有理、有利、有节"，适度运用好自己的自私。

人性有贪婪的一面。在现实生活中，有些人挣了100万元想挣1000万元，挣了1000万元想挣1亿元，没有人会感到满足。经典的《渔夫和金鱼》的故事是最好的注解。渔夫的老婆贪得无厌，得了木盆要房子，得了房子要做贵妇人，做了贵妇人要做女皇。到了这种地位，可以说已经做到了人间极致，可她还是不满足，要那条金鱼去伺候她。结果呢？她的贪婪触怒了金鱼，金鱼让她前面依旧是那间破泥棚，前面还是那个破木盆，一下子回到了"解放前"。

正因为人性贪婪，和珅在富可敌国之时，依然四处敛财。其实，他搜刮的金银珠宝，早已几辈子都用不完了。后来权倾一时的和珅犯事，被皇帝下旨抄家时，抄得白银8亿两。乾隆年间清廷每年的税收不过7000万两，和珅所藏匿的财产相当于当时清政府15年的收入。时人称："和珅跌倒，嘉庆吃饱。"

"人心不足蛇吞象"，足以说明人性贪婪的一面。现在的普通大众，看到别人住豪宅、开豪车就会心生羡慕。贪婪有时等同于不满足，能成为人类社会向上的动力，但贪婪有时又会让人产生膨胀的畸形心理。作为公司，要制定一套行之有效的机制，有效约束人性的贪婪，不至于因为贪婪而给公司带来损失。

人都有恐惧心理。恐惧的外延涵盖方方面面。比如，业务员出去跑业务，最怕的就是被拒绝，人被拒绝的次数一旦多了，不仅会让他的自信心受到极大的打击，到一定程度，甚至会让他的价值观体系轰然崩塌。

对企业而言，销售员和业务员是最难招的，招了又跑，跑了又招，就是因为这个岗位有一定的挑战性。业务员和销售员每天要打很多个电话，面对很多客户，被拒绝的次数很多，他们产生恐惧的频率也最高。

为了使业务员克服这种恐惧心理，在单位团队训练中，我们有针对性地设置了一些训练项目，其中有一个是过吊桥。这个项目要求每次只能一个人过，且不能拉旁边的保护绳，很多人都不敢过。有一次训练时，一个年近40岁的男主管勉强爬过去后满头是汗。为什么？因为他恐惧啊。人是有从众心理的，有些人看着别人过去了，自己也就跟着过去了，这类人还算比较聪明。任何人都必须记住一点，这个世界上，没有人能帮你，没有"绳子"，爬都要爬过去。

10年前我站在台上演讲，只要一看到下面人的脸，我的心就"扑通扑通"乱跳，以致埋下头不敢看下面。这是为什么？就是因为恐惧。我心里会想："下面肯定有比我厉害的人。"还会想："万一讲错了怎么办？"但经过无数次锻炼，如今的我会想："讲错就讲错了，会死人吗？""多丢几次脸就好了，以后就不会丢脸了。"

10年前，我连话筒都不敢拿，但我每天都在训练自己，觉得台下的人都是自己的老师，是他们在帮助我成长。不过，在这个过程中我体会到，真正走上台还是非常艰难的，经历的辛苦数不胜数。正因为有过这样的痛苦经历，现在，不管台上的人讲得好不好，我都会给他掌声。在台上讲，最怕台下没有掌声，没有鼓励。

很多人在台下时能轻松自如，一旦要他走到台上去讲，面对大庭广众，往往会手心出汗、心底发慌，这其实属于人的正常反应。有些人一辈子都在台下，有些人成了万众瞩目的明星，形成这道"分水岭"的原因，是他们对待恐惧的态度不同。人是有主观能动性的，如果主动、有意识地去克服恐惧，就会获得成长；如果听之任之、一味退缩，那你可能就真的永远只能坐在观众席上。

试想，如果你是一个公司的老总，需要开一场推广会，给底下黑压压的人群讲解产品，你要是畏葸不前，能把产品卖出去吗？能让你的企业快速发展吗？

在这世上，还有很多人怕输，怕遇到不公平。在我们的培训中有一个对决机制，既然是比赛，那肯定要有个输赢。我们目睹了输赢时的"众生相"，输了的人都说不公平，赢了的人却说很公平，这就是人性。

团队打造时还能让人看到哪些人勤快，哪些人懒惰。这又涉及一个人性——懒惰。现在职场上很多人都有拖延症，那么拖延症到底是怎么形成的呢？心理学专家一针见血地指出了它背后的人性，"拖延就是懒"。

很早以前，社会上就出现了形形色色的懒人用品，包括懒人家电、懒人百货等，无所不包。发展至今，产品已达上千种。懒人用品为什么会在社会发展的过程中出现，又为什么会受到广大消费者的青睐呢？就是因为它符合了人懒散的本性。现在还有一句流行语："能躺就绝不会坐，能坐就绝不会站。"不过懒惰并不是绝对的有百弊而无一利，它背后也隐含着对效率的追求。

人要不怕犯错。一个人可能每时每刻都在犯错，今天做的事，明天看可能就是错的。赵本山和陈道明相比的话，赵本山可能不敢站到台上，因为赵本山是草根出身，而陈道明是科班出身，但是，大家都看到了，赵本山取得的艺术成就和受欢迎程度，丝毫不亚于陈道明，为什么？因为赵本山一开始就不怕自己水平低，就不怕犯错。很多明星，包括成龙等，一开始都是跑龙套的，然后，一步一步走过来，从青涩的跑龙套，到最后成熟的演技派，取得了杰出的成就。他们成功的一个重要原因就是不怕犯错。

人，需要不断战胜自己。战胜自己什么？不是把自己痛打一顿，而是要战胜自己的种种不良心理，战胜与生俱来的种种劣根性。你眼中的外界障碍，往往是你的心理障碍。找人办事，你觉得开不了口，请人吃饭，你觉得不划算，那还怎么办成你的事情，开拓你的人脉？

对人性最经典的描述是"丛林法则"。在生物界，自古就是"大鱼吃小鱼，小鱼吃虾米"，弱肉强食。弱者只能沦落到"人为刀俎，我为鱼肉"，任人宰割的境地。这个说起来有点可怕和残酷，但你一定要记住，人也是一种生物，面对变化的环境要学会不断地进化、适应，才能生存。生物繁衍后代，物竞天择，老天留下的一定是基因最强大的物种。适者生存，强者生存，这是生物界的不二法则，任何时候都要牢记这个道理。

了解人性有一个很好的办法，就是推己及人，你身上具备的人性，其他人基本上都具备。比如听了赞扬会高兴，听到逆耳之言会愤怒。这都是人的正常反应。所谓聪明人，只是学会掌握人性并能利用它。

人性还有很多方面，在此讲的只是人性中的几个不好的方面。要想悟透人性，一是找几本相关的书，把书本学透；二是在实践中多体会、多思考。"读万卷书，不如行万里路；行万里路，不如阅人无数；阅人无数，不如名师指路"，在现实生活中，应该把读书、阅人、考察、拜师学艺结合起来。

悟透人性，是一门实用的学问，必须在与别人的交往中习得。平庸之人不会去研习人性，做事基本都凭着本能去做，碰壁和失败的次数就多。聪明人不会不去研究人性，他明白，所谓社会，就是由人组成的，而人，又是由人性支配着在社会上行事。

◎ 图文并茂的招聘信息，让人一看就知道是否适合自己

三、了解人的需求

要想识人，还得了解人的需求。

为了维系生命个体，人类永远都充满了各种各样的需求。吃喝拉撒睡，每一样都对应了一种生理需求。吃喝拉撒对应的是人体的新陈代谢，睡对应的是人体的休息和调整，一样也不能少，一样也不能差，否则，轻则难受、疲劳，重则疾病缠身。

现代人习惯熬夜，不到晚上两三点钟无法入眠。这归咎于微信朋友圈的发明，让人产生很大的依赖性。没有手机的时候，到了晚上 11 点左右，人们看电视累了就想睡觉。而现在有了手机，微信朋友圈让大家摆脱了空间的束缚，时时可为朋友的消息点赞或发表意见，在深夜把社交进行到底。

按照中医的说法，最佳的睡眠时间是子时，也就是晚上 11 点到子夜 1 点，此时身体排毒能达到最好的效果。过了这个时辰，哪怕你睡上一天一夜，也起不到这个作用。可是遍观周围，都没几个人能按照这个规律睡觉。如果有，这样的人会被别人嘲笑"提前过上了老年人的生活"。难道只有老年人才配有科学和规律的生活方式？

人类的需求有千千万万种。拿年龄来说，30岁以下的人偏向于折腾，30～40岁的人偏向于拼搏，41～50岁的人偏向于安稳，50岁以上的人想退休。

我身边有一些50岁左右的人，聊天时经常透露想早点退休的念头，希望过一种安静和闲适的生活。按照国家延迟退休年龄的规定，这些人还得在工作岗位上熬十来年，可是，50岁以上的人还有多少拼搏的激情？

从性别上来看，男人和女人的需求不同。

一些女人的需求倾向于化妆品和好看的衣服。据说有一期《非诚勿扰》上的女嘉宾为了保持自己的美貌，每个月在脸上的花费不低于1万元，在其他地方则能节省就节省，这当然乐坏了那些暴利的美容院。贵阳一些美容院、整形医院，广告打得铺天盖地，电视、报纸、街边LED、路牌，几乎无孔不入，它的钱哪来的？肯定是羊毛出在羊身上。贵州二台的名牌新闻栏目《百姓关注》中报道的美容纠纷，纠纷的金额都是以数万元计，这么大的金额，工薪阶层要节衣缩食很久才能存下来。

男人最需要的是和朋友小聚，喝酒吹牛，大家昏天暗地地喝上一通，吹一下牛，舒展舒展压抑已久的心。吹牛内容不外乎"我家里有上百万的存款""某某老总见了我还得主动跟我打招呼"。

企业老总要想把人招到，把人用好，就不得不了解人性，不得不了解人的需求。

四、通过试人来识人

识人就是试人。要真正认识一个人，就要给他压力，让他接受挑战。试人是一个复杂的系统，不是坐在实验室里搞一些公式就能解决的。实践是检验真理的唯一标准，实践更是检验一切的标准，唯有通过实践，才能认识万物的本来面目。

试人就是识人的一个过程。创业至今，我一直没有把自己当成老总，而是把公司当成实验室，同时把自己当成一个实验员。他人的很多经验是可以借鉴的，但一定不要直接拿来就用，因为每个人的发展阶段不同、时机不同、行业不同，团队的人员结构及大家的品行也不同。一个人在某个行业能成为佼佼者，但未必在其他行业就能成为翘楚。很多行业霸主，是在特定行业、特定时机中脱颖而出的。

识人需要谨记，不能因为一个人前一段时间表现不佳，就认为他终生都是这个样子。要想识人，只有不断地去试。我一直都是这样做的，看到很优秀的苗子，就会给他不断安排新任务，不断安排难度高的事情让其处理。如果每增加一项工作，他都能出色地完成，我就会继续增加，直至他实在完不成或者精力不够。增加到这个时候，其实就是达到他能力的极限了。此时，我会稍微停一段时间，观察他是否会骄傲，再继续加大任务量。每增加一段时间的任务，就采取以下措施：一是给他做培训；二是停止增加工作量和难度；三是每增加一次难度和工作量，都要加一次薪水，提高一次职位。只有这样测试出来的人才，才是真正的人才。

在测试人才忠诚度的时候，我会让朋友假装挖人，以到另一家公司重用来诱之。此时，如果他还能对众国人才市场忠心不二，我一定会予以重用。人是善变的，也是会伪装的，所有的测试仅用于参考，但是也不能忽视这些参考，人的秉性基本是一致的。

很多公司录用一个员工之后，往往会给他一个实习期，长则半年，短则3个月，目的是在实习期间去试他，试他的人品和能力。毕竟，面试只是短短的几分钟，对人的了解很有限，是骡子是马，需要拉出来遛遛。

在实习期，也确有被淘汰的。某报社每年都要招一批实习生，让他们跟着老记者出去采访、写新闻稿，然后根据他们的表现和能力再最终决定他们的去留。在这种机制下，有些实习生被留了下来，最后成为报社的正式记者，他们当中有一些发展好的，数年后能当上中高层干部。而有些实习生则早早被"判了死刑"。这也难怪，这些实习生中有些确实不适合干新闻工作。有的人性格内向，出去采访时扭扭捏捏；有的人则异常"成熟"，一从学校来到单位就拉帮结派、钩心斗角，把新闻单位搞得乌烟瘴气。

真金不怕火炼。只有德才兼备的人，才能经受住实习期的试人考验。

第六章

选　人

精彩提示：对人才的甄别关系到公司未来的发展。选人不但要有火眼金睛，还要制定出科学合理的选人机制。别以为捡到篮子里的都是菜，有些很可能只是草而已。如果不能合理地选择好原材料，必然会影响整锅菜的味道。

一、选人的重要性

有一句话叫"选择大于努力",这可以看出选择的重要性。"男怕入错行,女怕嫁错郎",也道出了选择的重要性。

对企业来说,选人也很重要。

联想集团的创始人柳传志说过,办公司就是"办"人。人是一切生产关系中最为重要的一环。人的作用这么大,作为一家公司,不选好人能行吗?

人才是一切的根本。人能给公司带来创造的动力,也能给公司带来毁灭的力量;人能给公司带来前进的推力,也能给公司带来阻力。科技是先进生产力,可科技不也是人搞出来的吗?选好人,则公司的一切,包括生产、销售、财务、科研等皆可为。

一些企业管理者会面临一些困惑,比如刚招进公司的人,上班还没几天就辞职了。很多时候,企业管理者自己都不知道员工为什么要辞职。有一次,一个单位的高管给我打电话投诉:"上周在你们那里好不容易招到了 5 个员工,连一个星期的班都没有上满,就跑得一个都不剩。从你们那里招来的人素质咋就这么低呢,甚至连一点信誉度都没有。"

　　我只是默默地聆听着，既同情他的遭遇，又觉得好笑。同情的是，他遇到问题不知道去了解一下这些新员工在上班期间做了些什么，和哪些人在一起，离开的真正原因是什么。好笑的是，我们每次开办"总裁招用人智慧"课程邀请他，他都说他们的招用人水平已经很高了，甚至可以给我们讲课。

　　公司是一个小社会。在公司里，有人会赞赏你，也有人会批评你；有人会表扬你，也有人会贬低你；有人处处说公司的优点，也有人处处说公司的缺点。是社会就有纷争，是江湖就有风雨。

　　有的公司中，有很多员工抱怨和指责公司，甚至在不少员工嘴里，除了自己公司不好，好像全天下的公司都是好公司。如果公司让这样的人去带新来的员工的话，那上班没几天跑了也就不足为奇。

　　这些例子，说明了公司选人的重要性。选了对的人，一切皆对，选了错的人，一切皆错。

　　如果我们有一篮子水果，当发现篮子里边有一两个水果快要烂掉时，应该采取什么方法处理呢？

　　一个团队就像一篮子水果，开始的时候每一个水果都是我们精心挑选出来的好水果，随着时间的推移，总有一两个水果会先腐烂。如果我们不能及时扔掉篮子里边的烂水果，很快，一篮子的水果都会烂掉。公司必须坚决把这样的烂水果扔掉。

　　以前大户人家通婚时，都讲究门当户对。看上去世俗功利，其实含有选人的深刻道理。两夫妻在一起过日子，不是他们两个人的事情，很

◎ 应聘者再多，不一定都适合我们

多情况下其实是两户人家的事情。就是拿到现在，如果两个家庭的社会背景差距太大的话，在一起过日子，幸福的概率就很小，因为男女双方从小生活的环境不一样，教育和风俗习惯也不一样，他们在吃穿住用行上会产生很大的分歧。家庭矛盾往往是由一些小事情引起的，而一家人每天都会面对无数的小事情。

公司选人和结婚选对象一样，也很重要。选对了会与公司共成长，选错了则成了害群之马，阻碍公司的发展。

选人时，企业应该立场鲜明地表明自己需要什么人才，不需要什么人才。对于需要的人才，要大力宣扬、赞赏，对于不需要的人才，要避免浪费双方的时间。这样做的好处是可以尽快为公司找到需要的人才，降低招用人成本。

这一点，遍观现在的企业，做得都不怎么"给力"，基本上大家都是模糊一片，没有一个鲜明的特征。企业可以在这方面下点功夫，做点有益的探索和尝试。

二、环境的打造

我们来试想一下。如果说花朵和马桶都是环境的话，它们各自能吸引来什么？稍有生活常识的人都知道，花朵吸引的是蜜蜂，而马桶吸引的是苍蝇。

花朵能吸引来蜜蜂而为苍蝇所拒绝，是因为花朵里面没有苍蝇所需要的东西。如果一个团队里面有苍蝇，那是不是证明公司不是花朵？很多企业管理者抱怨："我们的员工怎么是这个样子啊？"与其进行无谓的抱怨，不如先进行反思：自己的公司是不是花朵？公司如果是花朵，苍蝇就不会来。在我的公司，如果有苍蝇嗡嗡而来，那他只能悻悻而归。

我们身边的人就是我们的一面镜子，志不同则道不合，我不招不认可我的人，因为和他待在一起没有共同的语言。人是受环境影响的。在公司久了，员工之间的言行举止会越来越接近。环境是谁创造的？一个企业管理者必须以身作则，践行良好的企业文化，打造良好的环境，让员工认同、佩服并跟随。

人都是会被周围环境影响的，所以环境非常重要。

给大家讲一个例子。之前，我们公司招了一个员工，结果她待了3

个月就走了。这个人很厉害，品质没问题，素质很好，做事情也是一把好手。但是，她在公司每天只是空谈，仁义礼智信讲了个遍，从古到今讲得头头是道，嘴皮子上的功夫不错，却唯独做不出成绩。

一杯茶，一张报纸，一张嘴，可能在计划经济时代还可以混混，但在市场经济年代，如果工作没有效率，做事不见效益，那基本上可以宣告这个员工的"死期"了。这种员工毫无存在价值，唯一的出路是拍拍屁股走人。

这个只会耍嘴皮子的员工，第一个月在我们公司只拿了400元工资。她本身家里条件挺好，倒也不差这几个钱。不过到了第二个月，她对我说："我还是努力吧，我老公和婆婆说，我在你这儿干了一个多月了，才赚了400元，实在太少了。"我揶揄她："你不是不差钱嘛。"她说："我是不差钱，但我老公和婆婆觉得我拿得也太少了。"我趁机将她一军："那你就努力啊。"她思忖了半天说："我觉得在你这里还是干不下去，我要找个有底薪的工作。"我说："我们单位就是这种机制和模式，你有本事随便你拿，你没本事就没办法。"

一个公司想要培养人才，就必须创建这么一个机制，让只会耍嘴皮子的人无处可遁。

环境对改变人能起到很大的作用，甚至是决定性的作用。

我认识一个人，他初中在上海读书，养成了积极上进、正直善良的好品性。高中时由于户口关系，来到了贵阳某中学读书。这个班上有不少很"油"的学生，当他下课主动上前擦黑板时，这些学生就在底下笑话他。大家相处时，这些学生也会把一些流里流气的社会习气传染给他。慢慢地，他也变了，和这些学生同流合污。

当这名学生感到迷茫和困惑时，班主任老师曾和他谈了一次心，并语重心长地教导他："你也可以改变环境。"结果呢？这句话并没起到多大作用，这名优秀的学生最终还是沾染上了不良习惯。

这个活生生的例子说明，环境的力量是多么大，以个人去和它抗衡，无异于以卵击石。环境是由大多数个体组成的，一个人的力量怎么抵得过多数人的力量？拔河时你一个人在绳子的一头，另一头站着八九个彪形大汉，你不摔个人仰马翻才怪。

柏杨先生说，社会是个大染缸。进入社会的，难免不受影响，因为社会这个环境的力量太大了。所以，公司应该为员工创造一个良好的环境。环境不好，员工肯定要被染黑的。要想选到好的人才，老总得先创造出一个好的环境来。

一家公司里，如果员工只想着拿底薪，那肯定是老总创造了这么一个环境。这样的环境中，员工不会想："我来给你采花粉，回去好好地酿造。"而只会想："在这里我只要吃饱就行了。"

有些公司招来的全是"苍蝇"，而有些企业管理者妄想把"苍蝇"变成"蜜蜂"。如果本质有问题了，能变过来吗？即便昆虫专家研究若干年，让其变种还是颇具难度的。所以公司在招人的时候，老总要先有所预见，到底应该提供一个什么样的环境。如果环境中都是些好吃懒做的人，都是些钻钱眼的人，那么不管招了多少人进来，都等同于废物。

这样的人越多，公司倒得越快。

很多企业管理者抱怨说："我们公司一直在亏损。"我从创业到现在，从没亏过钱，不是因为我多能干，而是因为我为员工营造了一个好的环境。员工一来我就给他们讲清楚："在这里我能给你提供一个平台，提成有30%的，有50%的，唯独没有底薪。"我的公司不养懒人，不养废物。

在我们公司，我会通过种种方式教育员工："我们团队只培养老总，你想不想当老总？你看看那些老总是怎么当的？经常睡马路，一天只吃三个馒头，表面风光，实则艰苦。马路上开奔驰和宝马的那是老总吗？真正的老总无不是通过艰难创业成就一番事业的，老总没有节假日的概念，老总没日没夜地呕心沥血，老总天天殚精竭虑地筹划公司发展大计，老总不管什么场合都要第一个冲上去，他们所经受的艰难和挫折，所付

◎ 老总的头低下去、腰弯下去的时候，团队就起来了

出的时间和精力，又岂是一个稳稳当当上班的员工所能比的。"

这些年来，我就是通过给员工创造这样的环境，让公司一步步走到了今天。当很多人才市场随着时间的推移渐渐消失时，我们众国人才市场却依然好好的，而且事业越来越壮大。从这个角度来说，环境能起到关键作用。

创造环境时，老总要想一帮人共同"打天下"，就要招想当老总的员工，而不要招只想当员工的员工。有句话说得很好："不想当将军的士兵不是个好士兵。"我非常认可这句话，而且一直在践行。

三、选人的标准

公司选人是有一定标准的。那么，公司该选什么样的人，又该摒弃什么样的人？

要想让企业内部的员工正能量满满，企业就应该选这样的人：孝敬父母，关爱家人，尊敬师长，遵守国家的法律法规，遵守公司的规章制度，热爱劳动，多做少说，团结他人，先集体后个人，勇于挑战自我和超越自我，困难的留给自己，容易的留给他人，从不说老东家坏话，很少跳槽。员工如果具有这样的意识："解决问题，就是我存在的价值。家庭的问题，公司的问题，上司的问题，同事的问题，下属的问题，所有的问题都是我应该去解决的问题。我是螺丝钉，哪里需要就去哪里。"这样的人就要重用。

《新闻联播》是中国最具权威性的一档新闻栏目，每天雷打不动地播放。这个栏目每天向国人播放的都是党和国家领导人的活动、中国取得的高科技成果、改革开放的成绩等充满正能量的新闻，这种正面新闻让所有人看了都感到自豪。企业的老总和中高层管理人员实际上是企业的"新闻官"，一定要在任何场合、任何时间都向员工传递正能量的消息，让员工保持一颗开朗向上的心。

公司应该选充满正能量的人，不该选负能量的人。负能量的人的表现包括：对父母不敬，对家人没有爱，对师长不尊重，践踏国家的法律法规，挑战公司的规章制度，拈轻怕重，争功推过，说的总比做的多，只想自己，不团结他人，先个人后集体，除了挑剔就是委屈，说前公司、前上司坏话，议论他人是非，说家人、同学、朋友、同事坏话。

为什么我们要用这样的标准来选人，或者对人进行归类呢？我们不妨看看下边的一些案例。

关羽和吕布是《三国演义》中被人们津津乐道的两个武功高强的大将，他们有何异同点？相同点是都是武将，两人能力相当，都被别人"挖过墙脚"。不同点在于，关羽一生忠于一个人、一个团队；而吕布今天投靠丁原，明天投靠董卓，后天又投靠王允。

关羽在世时，协助刘备成为一方霸主，成就一番大业；吕布在世时，谁成为他的主，他就出卖谁一次，一副"有奶便是娘"的嘴脸。历朝历代，忠臣被人们所颂扬，叛徒为世人所不齿，关羽死后，世人把他当神供奉在寺庙或家中，吕布死后，世人唾骂他为"三姓家奴"。

易中天在他的《品三国》中是这样评价关羽的：关羽确实有令人敬重之处，那就是特重情义。他被曹操俘虏后，曹操对他"礼之甚厚"，关羽自己也说"吾极知曹公待我厚"，但他仍然不肯背叛刘备，最后选择"立效以报曹公乃去"。

关羽的忠义，有被后世特意放大之嫌，明明是一个驰骋沙场的武将，却被敬为财神和剃头匠的祖师爷！人们为什么会乐意放大？因为人人都期望能结交到这样的朋友，国家也期望能拥有这样忠心不二的良将。企业家要想成大业，会嫌弃这样的人才吗？

中国五千年传统文化推崇忠义，《水浒传》一百零八将啸聚水泊梁山，也是为义而聚，并把他们的办公场所命名为"聚义堂"，后又被一心想被朝廷招安的宋江改为"忠义堂"。历朝历代，选人以忠为上。

除了选好人、选对人，企业管理者还要注重以身作则。管理者要想让员工爱企如家，就要自己先爱国如家；管理者要想让员工到处歌颂企业和企业家，就在所有场合歌颂我们的祖国和国家领导人。永远记住一句话：言传身教。

那些不注重言传身教的企业管理者，树立的就是反面教材。我曾参加过一些企业的早会，企业管理者一上台发言，不是满嘴的脏话，就是抱怨今天早上一出门遇到了堵车，而且越说越起劲，说着说着就忘了今天开会的主题，居然扯到伊拉克战场上去了。伊拉克的战事还没有道个所以然出来，又开始扯昨天晚上被他们小区一个小偷吓醒后失眠到天亮。一场负能量爆棚、有牢骚无主题的会议，连个结尾都没有，就这样结束了。作为公司的带头人，每天开着这样的会议，却要求员工爱企如家，让员工去歌颂自己的企业，可能吗？

◎ 用标准和机制选人比用自己的眼睛选人更科学

四、要选人，先分类

要想选好人，我们就得先对人做一个分类。

按内向、外向型分，可分为外向型人、内向型人、内外向型人。

按经验分，可分为没有从业经验的人、跳槽 3 次以下的人、跳槽 3 次以上的人。

根据我多年开公司的经验，应该把没有经验的人放在基层，多给他锻炼和培训的机会。员工没有经验，做不好工作，责任往往不在他们身上，而在企业管理者身上。

对跳槽 3 次以上的人要加强引导，否则他完全有可能从你这里再跳槽出去。

跳槽 1～3 次的人来到你的单位，会拿他以前的工作和现在的工作做比较，有时候就会提一些不切实际的建议和意见，如果不能及时培训和教化，很可能发挥负能量。这就好比谈过几次恋爱的人，他后期就算找到了自己人生中的理想伴侣，也会时不时地冒出一两句："你怎么在某某方面还不如我的前女友呢。"我长期讲，"没有比较，就没有伤害"，其实很多时候他并不是故意的，但在比较下，会让自己在工作中失衡。

前一段时间我们公司招来的一位人事专员，在辞职的时候他对我说："不是我不喜欢这个工作，而是我以前做人事专员的时候，和你们众国人才的工作内容很不一样。我以前就是发布招聘信息，再帮老总倒杯茶、扫个地、打个文件什么的。有时候到人才市场坐一坐，我尽量去招聘就行了。但是，你们众国人才市场还要规定招聘人才的数量和质量，我无法适应这种工作。"

我们公司现在两位在职的人事专员都干得好好的，从来没有说过人事专员不是这样干的。他们没来公司之前，是从未上过班的应届毕业生，他们一来，我就告诉他们人事专员是这样干的，他们每天都干得很开心。很可能，他们认为所有的人事专员都是这个样子。

年龄偏小的员工有些比较贪玩，公司要帮助引导和教化。事业心比较强的，公司要多让他分担责任，多提供培训机会。

年龄偏大、不求上进、能力比较弱的员工，公司在引导和教化的时候，尽量把他放在一些不太重要的工作岗位上。因为年龄偏大的人，要想改变他的思维、行为，比登天还难。很多情况下，当我们给他讲一个道理时，他能给你讲三个道理。有时候你还没有来得及开口，他就会说："小伙子，我过的桥比你走过的路还多，我吃过的盐比你吃过的饭还多。"这种人不是不能改变，主要是太浪费时间，公司得考虑时间成本。

年龄小的比较活泼，有冲劲，适合冲锋陷阵。年龄大一点的有社会经验，稳重，责任心强一点，比较适合坐镇指挥。当然要想把人选好，还要关注他们的方方面面，不能只用简单粗暴的方法去解决问题。

按照人品分，可将人分为爱占小便宜的，爱耍脾气的，爱背地里说人坏话的，争功推过好表现的，喜欢狡辩的，争强好胜的，软弱无能的，忍让、宽宏大量的，小肚鸡肠的，脾气暴躁的，脾气温和的，等等。

按照商数分，可将人分为智商高的，情商高的，爱商高的，财商高的，智商、情商、爱商、财商都高的，智商、情商、爱商、财商都不高的，等等。

按其他标准，可将人分为埋头苦干、不善于言谈的，雷声大雨点小的，吹牛多、干事少的，偷懒耍滑的，诚实守信的，老实的，不老实的，等等。

除此之外，还有很多种对人的分类方法，可参考"九型人格"类书籍。

企业选人时，要学会合理安排不同员工的工作岗位。按年龄、性格、经验、爱好等把不同种类的人给分出来，公司再根据岗位的需求，把他们放在不同的岗位上，才能人尽其才。如果不经仔细选择，很可能就会把人放错位置。一旦放错位置，不但会给企业带来灾难，也会葬送这些人的大好前程。

企业选人的时候，有些人很优秀，有些人很一般，但这两种人企业都需要，最重要的是，要把他们放对位置。

五、建立选人机制

企业选人时应建立选人机制。怎么样选人？应该是人品第一，能力第二。

人品即德，能力即才。关于德和才，历来争论颇多，不过经过很多企业长时间的实践，可以归纳为：有德有才重用，有德无才培养后使用，有才无德慎用，无才无德坚决不用。这样的用人理念，已被很多企业所采用。贵阳市紫林庵有一家民营医院把这样的选人理念贴在走廊上。

一个是能力出众的老奸巨猾之人，一个是木讷的老实人，如果你是企业管理者，你会选谁？这样的问题不少企业管理者肯定遇到过。能力出众的人可能会为公司创造巨大的效益，可是如果他老奸巨猾，在工作中就会为自己牟取一些不正当利益。木讷的老实人听话是听话，也不会起私心歹意，用起来确实放心，可是又做不出什么成绩，有时公司对外应酬他也上不了台面，这样的人用起来顺心吗？这的确是一个两难选择。

有人认为，用前者好，只要掌握了驾驭术就行。此话也有一定道理。可是现代市场竞争这么激烈，老总必须要考虑一些宏观的战略发展问题，总不能把时间精力都放在盯这些人上。再说了，总盯着这些人，心不累吗？

　　上面的例子有些极端，现实生活中很多人身上两者兼而有之，只不过能力和忠诚的比例略有不同而已。一定要记住，人是复杂的综合体，对人的判断绝不能一刀切。我们小时候只会以好人和坏人来定义一个人，长大后才发现，这样的分类太幼稚。好人有时候也会做坏事，坏人看到马路边躺着一个受伤的老人，未必就不会去扶起来。

　　一个人能力很大，但如果德行不好的话，对公司的破坏性就可能非常大。一个人智力有问题，是次品；一个人灵魂有问题，那就是危险品。所以，对于用人者来说，一方面要用有才能的人，另一方面还要注意他的德行，如果德行不过关，就最好不要用，即使用也要加倍小心。切记：有德无才要误事，有才无德要坏事；德才兼备之人，方为上上之选。

　　由德又引申出忠诚问题。有德之才必忠于公司，无德之才有可能背叛公司。

　　有一次，我们公司挖来一个全国数一数二的总裁，他在这个行业做了十几年，工作经验和工作能力都非常强。其实，我招他的时候就想好了，如果他是一个忠诚的人，就一定会忠于他原来的公司，不会来我的公司。3 个月后，我对他说："你可以走了。"他听了心里非常不舒服，说了我很多坏话。

　　其实，像他这样跳过三五次槽的人，绝对不会忠诚于任何团队。为人不忠，很可能贻害无穷。曹操为了提防手下人害他，睡觉都要睁开眼睛，可我却无法做到。我心里早想好了对策："哪天我可以给他办个执照，让他自立山头，但千万不能长久留在我身边。"

在我们公司，如果员工被其他公司挖走，我就不会挽留他，也不会感到惋惜，因为他对我并不忠诚。如果想在我的公司长期干，就必须忠诚于我，这是最基本的一点。其他方面我可以暂时不关注，没能力的我还可以教他。

除了德才，选人还有其他几个重要的标准。一个是有担当，一个是爱学习，有上进心。"这事我负责＝领导人，这事我顶着＝顶梁柱，这事我来做＝领导左右手，这事我不会＝最基层员工"，这是朋友圈很流行的一段话。所谓有无担当，就是员工面对公司任务时，会采取什么样

◎ 只要苗子选得好，90 后也能吃苦耐劳

的态度。负责的人，就是有担当的人，这样的人能成为公司领导。

现实生活中，有担当的人少。很多人都会知难而退，多一事不如少一事。只有少数人勇于担当，所以现实生活中领导少而员工多。"成功路上并不拥挤，因为坚持的人不多"，同理，领导路上并不拥挤，因为有担当的人不多。

选人机制中，应该引入竞争机制。

比如公司在一些部门应该设立两个位置，如果只有一个人的话，就没有竞争力。让两个人竞争，输了的就让他走人，然后再招一个来。在一些部门和位置上，永远要有两个人或两个团队，通过他们之间的相互竞争来提高公司的工作效率。这样两个人或两个团队越跑越快，对公司有好处，对老总有好处，对员工也有好处。它是一种多赢模式。

第七章

用　人

精彩提示：古人总结的"六正六邪"为我们提供了宝贵的用人经验。"人上一百，形形色色"，正是考验企业管理者的时候。面对多种多样的人，不管他是专才还是偏才，只有各尽其用，才能在公司发挥最大的效用。

一、分　类

企业要产生效益，就要靠员工的工作来实现。而员工的工作，就是具体的用人过程。要通过用人环节，让员工参与到企业的生产、销售、管理等具体的工作中，使企业这架机器维持正常的运转。哪一个用人环节存在漏洞，都可能使机器的运转出现问题，甚至陷入瘫痪。

公司中，只有把人用好了，才能使公司的工作顺利开展；只有把人用对了，才能让员工发挥最大的作用；只有把人用顺了，才能让公司高速运转。运用之妙，存乎一心。

用人，让我们先从人的分类说起。

经营企业就是经营人，经营人就得经营人的需求，不同人的需求是不一样的。要想经营好更多人的需求，就得把人分成不同的类别。就像国家的军队分为不同的军种，包括海军、陆军、空军、导弹部队等，人才也分为很多种类。

从职位高低来说，有一个简单明了的分类,那就是基层、中层和高层。

基层包括普通工人、清洁工、杂工、搬运工、门卫、服务员、保安、业务员、销售人员、收银员、出纳、内勤、文员、库管，其工种涉及范围广。这类人一般学历低，年龄偏大，能力一般。

中层包括部门管理人员、地区管理人员等。不同规模的企业对中层的定位是不一样的，小型企业把部门管理人员定位为中层，大中型企业把片区管理人员或地区管理人员定位为中层。

高层包括总经理、总裁、总监等。不同规模的企业对高层的定位也是不同的。正常情况下，大部分带"总"的基本都属于高层。

在各层次的人员中，都有一些有上进心的人。

小伙子谈恋爱时，如果被认定为有上进心，一般都会获得丈母娘的青睐。丈母娘看一个年轻人并不看重他的现在，更看重他的未来，有上进心的年轻人未来一定差不了，这样才能给自己女儿一个幸福的生活。

丈母娘都有着丰富的人生阅历，她知道，一个人年纪轻轻就当官发财是不现实的，但他的将来如何发展很重要。能对这个年轻人将来发展产生重要影响的是什么？就是上进心。一个人如果安于现状，不思进取，要说他将来会有所发展，这几乎是天方夜谭，外人看了也会笑话。丈母娘知道，她选的不必是绩优股，但必须是潜力股。

什么是上进心？"不满是社会向上的动力"，上进心就是不满足于现状。从公司的角度来讲，今年产值为 1000 万元，可能希望明年是 2000 万元。从员工个人的角度来说，现在是普通财务人员，可能希望去进修，考张会计师资格证书，2 年后能当财务部门的负责人，10 年后能当公司副总。上进心对于一个人或一家公司发展的重要性，由此可见一斑。

歌手陈明最初是拖拉机厂工人，阿杜原来在建筑工地上干过。如果这两个人当时安于现状，可能我们就没有耳福听到陈明用澄明的声音演绎的《寂寞让我如此美丽》《快乐老家》等歌，阿杜用嘶哑的声音演绎的《坚持到底》《他一定很爱你》《天黑》等歌。陈明和阿杜的歌流行于2000年左右，如今，这些曾伴随我们成长的脍炙人口的歌，依然是经典。

如果陈明安心在拖拉机厂当女工，阿杜安心在工地上当泥瓦匠，两个人都没有上进心，他们会走进歌坛并取得这么大成就吗？很显然，陈明和阿杜就是有上进心的人。可能是经人点拨，发现了自己嗓音的独特之处，听到过"不唱歌可惜"之类的叹惜。而正是这一点触动了他们，他们才努力学习音乐知识，不断积累各种经验，向着心中的歌星梦想前进。

全中国嗓子好的人何止陈明、阿杜，中国这么大的人口基数，被上苍赋予好嗓子的人一抓一大把。可是，最终出了几个陈明和阿杜？有上进心并付诸行动，是多么重要。

这个社会，很多有上进心的人都成功了。现在的有钱人，包括最顶尖的中国富豪，有几个是含着金钥匙出生的？马云，一开始只是一个普通教师，拿着一份普通薪水。刘永好、柳传志、任正非，谁也不是生来就带着几亿元的。

再拿我的经历来做一个例子。

10多年前，我来到一家民营企业上班。刚进去的时候，各部门的管理者都描述了这样一番景象：长期让员工无偿加班，工资却和其他公司的同行相差无几。团队组建非常困难，人才流失最快的一个团队，半个月之内只剩下管理人员一个光杆司令。好一点的部门，员工也只剩下了一半人。最大的一个部门也只有 10 个人。

这时，所有的管理者在会上都建议老总加薪，实行双休，增加奖金，并提出要求：降低业绩任务指标，因为没有人能完成；工资待遇和福利待遇在现有的基础上提高 2/3。据我所知，这家企业当时并没有盈利，如果给员工加薪，肯定要亏损，最终的结局是企业倒闭无疑。

这个会议开到最后，老总一时语塞，无奈地宣布散会。会后，我向老总毛遂自荐，由自己来带领一个部门，并庄重承诺：如果和其他部门一样的结局，那我这个月的收入分文不要。这时对老总来说，不是信任不信任我的问题了，而是死马当活马医。他和我都豁出去了。

我自己一个人成立了一个部门，首先要做的就是马上改变以前的薪资模式。我把底薪和提成都提高了一倍，但任务也比他们以前提高了一倍。此时，其他部门的管理人员都在等着看我的笑话，我心想："这个笑话一定不能让他们看到。"我把自己的十八般武艺全部使出来了，甚至连"坑蒙拐骗"都用上了，1 个月之内居然把团队组建到了 50 人，2 个月的时候就达到了 200 人。刚来的新人无法快速地做好本职工作，我又手把手地指导和训练他们，不分昼夜。

前 3 个月，凌晨过后我还在和员工谈论工作。有几次太忙，就直接睡在了办公室。这种拼命的工作态度感动了不少员工，甚至有部分员工的家人也被感动了。最后老总也被感动了，他给我又是炖汤又是送饭的。这时的我成了公司最年轻的副总，其他的管理者都成了我的手下。不愿意成为我的手下的，都辞职了。

尽管这样拼搏，但我从来没有主动提出过任何加薪升职的要求。到了年底，老总发给了我 10 万元奖金，当时我高兴得一夜都没睡着。这让我明白了一点，名、权、利真的不是要来的，而是通过自己的用心、付出、努力，对每一件事情负责任，顺带就能获得的。这印证了"铁杵磨成针、功到自然成"的古训。

人生真的就像一杯茶，不会苦一辈子，但总会苦一阵子。无论你的生活是苦还是甜，你都是你自己人生的调味师。苦难也是人生的一种经历。世界上只有想不通的人，没有走不通的路。

我的经历，不正是上进心对一个人事业发展有巨大帮助的最好注解吗？如果没有上进心，可能我今天还是一个打工者，不会以一个企业老总的身份，站在讲台上给大家做职业培训。

上进心，有的时候也可以说就是事业心、野心。成功的人、做大事的人都有事业心和野心。三国时候的曹操、刘备和孙权，谁不怀有一颗一统天下的雄心，所以才经年征战，驰骋沙场。这些人杰，都具有常人所不具备的上进心。"天下英雄谁敌手？曹刘。生子当如孙仲谋。"大词人辛弃疾对曹操、刘备和孙权三人是倍加推崇。《三国演义》中，读者看到的是走马灯似的各类人物，但大浪淘沙，最后屹立在时代浪尖的却只有曹、刘、孙三人。

想当天下英雄，就莫失上进之心。

一个人做工作、干事业就要有上进心。在基层，要想着进入中层；在中层，想要着进入高层；在高层，要想着做最顶尖的人物。没有这样的上进心，浑浑噩噩过一辈子都还是个小人物。

诸位读者，不妨对照一下自己现在的位置，设计一下自己明天的位置，保持上进心，让自己的明天更美好。

前面我们说到用人的分类，其实，尽管社会上有各种各样的职业和分工，但归纳起来不外乎三种。第一种是最底层的人，是没有多少知识、没有多少技能的人，干着最脏最累的活，拿着最少的工资。第二种是靠技能讨生活的人，这方面的岗位就多了，比如文员、会计等。他们都掌握了一定的技能，因而能拿一份还算可以的薪水。第三种是靠资本挣利润的人，那就是公司老总、企业家。

这是一个基本的"三层次分类"，里面的情况又各自不同。

比如，同样的岗位，有的行业、有的企业就能拿高薪，高出社会一般岗位一大截。这当中比较引起关注的是社会上流传的供电局抄表员年薪10万元以上。

抄表是一个很普通的技能，只要跑跑腿、抄抄数字就行。这种工作，任何一个小学水平的人都能胜任。拥有这种技能，在一般公司，可能也就是个打杂的而已。巨大的收入差距，使人们产生巨大的心理落差。可是也没办法，电力系统基本上还是国家垄断的部门，这是外部条件，无法改变，但也有很多条件是可以通过努力改变的。

同样靠技能吃饭，里面又有很大差别，普通技能和高级技能就不一样。一个普通的文员和掌握一门高新科技的专家能是一样的吗？这背后对应的是他们不同的教育水平。普通文员读过中职、高职、大学，就能掌握这一门技能，因为语文是从小学就开始学的，只要用点心，基本在高中阶段就掌握得不错了。进入单位后，只需要再学习一些制度、格式之类的东西就行。

而掌握高新科技，就需要读完大学本科后又读硕士、博士，不止费钱费时费力，也费脑费心。换言之，这样的高精尖人才，在前期的培养中投入了更大的成本，所以他们学成后工作获得更高的报酬，是一件非常合理的事情。这和企业家投入多少资本获取多少利润本质上是一样的。只不过，企业家是以企业或公司的形式，高科技专家是以个体脑力投入的形式。

社会上有这么一些人，他们当中有相当大一部分是国企下岗人员。以前在国企工作时本身技能就有限，再加上岁数又大了，再让他们学新的技能也比较困难，因而，这些人重新找工作相对困难一些。

有一个原来国有企业销售科的科长，在这家国有企业在市场竞争中渐渐败退、下岗分流后，只能在码头上扛包。他人高马大，倒是"身在力不亏"，但他下岗时已快50岁了。后来听说，他之所以去做码头工人，是因为他女儿上大学需要用钱，无奈之下，只好靠出卖劳力为女儿挣学费和生活费。这样的生活落差，给他带来的不仅是收入的降低，还打击了他的自尊心。

随着中国城市化的不断发展，进城的农民工数量越来越多。这些人的文化和技能都比较差，他们的就业也成了社会迫切需要解决的问题。

其实，这个群体中不少人身家不薄，因为他们当中不乏拆迁户。众所周知，只要一拆迁，基本上就是发财的机会。农民的地又多，动辄几百上千平方米。有些"精明"的农民，在城乡接合部修了一大栋楼，足足有五六层，每层四五间房子，面积加起来有一两千平方米。这样的面积在购买商品房的城里人看来，大得不可思议。他们所获的拆迁款，少则上百万元，多则上千万元。

不过进城的农民由于素质较低，不知道怎么处理这笔突如其来的巨款，更不懂得规划自己今后的人生。很多失地的农民开始豪赌，这当中，有一些把钱输得差不多了，重新返贫。这样的例子很多。

一旦他们失业，就会带来相应的社会问题。政府部门也意识到了这个问题，因而想方设法引导这些人培训技能，解决就业问题。要是你看到一个单位有一个清洁工开着豪车来上班，千万不要感到惊讶，他很可能就是拆迁失地的农民。

有时，街头还会看到有人在一辆豪车上摆摊，卖些玩具、手表什么的。可能很多人会纳闷，这么有钱还摆什么地摊？很可能他也是这类人。

二、搭班子

盖房子大家都见过。盖房子时，要先打基础。房子要建得高，得把地基打好。企业和盖房子一样，在创立之初就需要做好组织框架的设计。

公司地基是谁打的？肯定是老总打的。

记得在 10 年前来贵州创业之时，我动用了全家的所有积蓄，包括开发商的占地占房补偿款。准备了上百万元的资金（10 年前的 100 万元，可不是个小数目），并带上跟随自己多年的兄弟姐妹，包括自己的弟弟及弟媳妇。论资金，举全家之所有集于我一人；论团队，全部的亲戚、家人及跟随自己打工多年的兄弟姐妹一个不少都来了。团队所有人挤在一个两室一厅的房子中拼尽所能，全力以赴。每天都是起早贪黑，加班加点，从不敢浪费一点一滴时间。就这样，我为公司打下了地基。

打下地基之后，作为公司老总，我深知肩上的责任重大。其实，无论是在战场上还是在商场中，都有很多相通点。在战场上有一句至理名言，"一将无能，累死三军"，说明了领头羊的重要性。无论一军之将，还是一企业之主，甚至一部门之主管，其位置都非常重要。

很多企业，都是依靠夫妻、家人、亲朋好友的帮衬和无私的奉献起家的，但当企业经营到一定规模时，你会发现，前期的夫妻、家人、亲朋好友们的能力或者精力，已跟不上企业的经营和发展需要了。在这种情况下，企业需要大量地补充兵源。

我把创业的开始称为"企业的地基"。无论地基打得多么扎实，要想建好高楼大厦，还需要一些柱子和大梁。我把这个阶段称为"搭班子"。搭班子的时候，就会发生很多当初打地基者们的本位意识和外来栋梁之材的思想冲突。如果老总、高管有领袖思维，能让他们各归其位，各得其所，那么公司将快速发展，迅猛壮大。如若不能，或者不会识人、选人，将班子搭配错乱或颠倒，那企业发展就会受阻，甚至造成内耗加剧，直至破产。

纵观中国历史，如果一个朝代处于鼎盛时期，其君臣必然班子搭得完美而成功；如果一个朝代走向没落，其君臣必然班子搭得糟糕而失败。

唐太宗李世民和丞相魏征是搭班子成功的典范。魏征不存私心，一心为国，拼死进谏；而唐太宗也能从谏如流，虚心接受，积极改正，由此开创"贞观之治"的伟业。

明熹宗朱由校和魏忠贤是搭班子的反面榜样。魏忠贤残忍阴毒，排除异己，擅权专政，以致人们"只知有忠贤，不知有皇上"；明熹宗昏聩无能，沉溺于倡优歌伎、狗马射猎中，以致将明朝的江山弄得一塌糊涂，走向末路。

治理一个国家需要领导人搭好班子，经营一家企业同样要求老总和高管搭好班子。无论是企业还是事业单位，领导班子在整个单位中的地位最重要。领导班子如果没有能力带领员工做好工作，那企业就会走向破产，事业单位就会乌烟瘴气。除了领导之间的搭配，员工之间的搭配也至关重要。每个人的特长不同，你擅长公关，我擅长管理，只有把不同的人才搭配在一起，才能拓展公司业务。

这正如厨师炒菜。比如厨师买了一斤西红柿 3 元，两个鸡蛋 3 元，共计 6 元，但他做的西红柿炒鸡蛋却能卖 20 元。又比如厨师买了半斤牛肉 20 元，3 两洋葱 1.5 元，共计 21.5 元，他做的洋葱炒牛肉却能卖 55 元。

会搭配菜品的厨师，就能炒出色香味俱全的菜，也能卖个好价钱。不会搭配菜品的厨师，炒出来的菜不是颜色不好看，就是味道不好吃，价格自然低廉。这就是一加一大于二的道理。

会搭配的团队，就像百灵鸟碰到鹦鹉——会唱的遇见会说的，各司其职，各尽其责，人尽其才，才尽其用。不会搭配的团队，只会互相推诿，互相指责，不是大材小用，就是小材大用。

大米是精品，汽油也是精品，但组合到一起就是废物。水泥是废物，沙子是废物，但组合到一起就是精品。做企业的人一定要明白这个道理。东西搭配好了叫物尽其用，人搭配好了叫人尽其才；反之，东西搭配不好叫暴殄天物，人搭配不好叫白白浪费。公司里面，团队搭配、员工搭配、上下搭配，都应遵循搭配优化原则。

《西游记》里唐僧师徒四人就是一个搭配得很好的团队。你看，唐僧一心想到西天取经。孙悟空神通广大、本领超群，为唐僧取经保驾护航，一力当先，奋力除妖。猪八戒则主要担任孙悟空的副手，上战场时可拼杀一二，遇上一些本领不是很大的妖怪他也能对付一下，免得累死孙悟空。沙和尚负责搞好后勤工作，挑担牵马，忠心耿耿，有时在唐僧和孙悟空两人闹矛盾时还能做些思想工作，"大师兄，师父所言甚是"。白龙马一路埋首前行，不管是山间崎岖的小路，还是嶙峋的怪石，它都能负重前行，把身体柔弱的唐僧送到佛光万丈的如来佛祖前。这支队伍里的人思想不同，性格各异，由于搭配得好，最终克服千难万险，降伏妖魔鬼怪，顺利到达西天，将真经取到手。

◎ 搭配好了是合作，搭配不好是分化

三、磨　合

公司同事之间是需要一个磨合时期的。

"磨合"一词指的是汽车的零部件之间刚开始较"生疏"，而在行车达到一定里程数后，每个零部件之间就会配合得非常好，发挥出最好的性能。此时车子就像知人意似的，想快就快，想慢就慢，没有一点违拗感。机器零配件之间尚需磨合，何况人类。

人与人的磨合情况，恐怕比汽车零部件之间复杂千倍。每个人的经历、学历、做事风格等各异，所以要让一家公司的两个人甚至几十个人配合好，实在不是一件容易的事，需要在实践中慢慢配合。磨合到一定程度，一个眼神或细微的动作，就能让对方心领神会。

有时候磨合对双方来说，就是一个"克"字和一个"让"字。多克制一点自己，多礼让一下对方，两个不同的个体，就会神奇地向默契渐渐靠拢。

"黄金搭档"这个词相信大家都不陌生，在各行各业、各个区域、各个地方都出现过。被称为"黄金搭档"的，都是经过数载甚至数十载的配合，默契程度已经到了天衣无缝的地步。

一家好的公司，应该有黄金搭档。这样的黄金搭档最好不只是一对，而是好多对。

四、用人五部曲：分、授、监督、培训、训练

企业用人机制是一个系统工程，分为分、授、监督、培训、训练五大部分。

"分"即分工。分工不同，才有了生产岗位、销售岗位、财务岗位等。各个岗位，各司其职，通力配合，围绕公司的经营目标去工作。

"授"即授权。你让员工在这个工作岗位上干活，要授予他一定的权利。一个销售部门的主管有权指挥手下的人员怎么布局，怎么跑市场，一个生产工人有权去库房拿生产工具。与权对应的是责，销售部门有目标任务，生产工人有生产任务。与权对应的还有利，销售主管完成了销售任务，就可拿到对应的奖金；生产工人完成了当月的产量，也能拿到相应的工资，如果超产了，还能拿到超产奖。

"监督"即对各个岗位的监督。不是在岗位上你想干什么就能干什么，必须被监督。这种监督很多时候是制度监督，而不是像夏衍的小说《包身工》中的监头"拿摩温"那样的监督，"芦柴棒"在他的监督下，过着惨无人道的悲凄生活。监督最后内化为考核。销售主管完不成任务，

不仅会被扣奖金，还会被领导毫不客气地批评一番。生产工人如果不完成当月的任务，那就只能拿 60% 的奖金。制度监督，像一条无形的鞭子驱使着员工，虽无形却有力。

"培训"即对公司员工的技术技能进行系统化的培训，以达到提高员工技能、提升员工素质的目的，打造一支能征善战的队伍，从而为生产和销售服务。

培训以理论知识为主，培训完后还得靠"训练"进行强化和巩固。

有了这一套完善的机制，企业员工队伍的素质就会提高，其市场应变能力就会增强。

整个用人机制中，最核心也是最重要的是分工。

制定机制其实就是制定一个分工的游戏规则。俗话说得好，"鸟为食亡，人为财死"。人世间除了圣人就是俗人，真正的圣人能有几个？纵观古今中外，人生一世基本都离不开名、权、利的争斗。与其在内部任其争斗，不如制定出公平、公正、公开的游戏规则，让员工按照规则共同去奋斗。

所以，我从中总结出了一些制定机制的原则。第一原则，就是一定要让所有人都能公平、公正、公开地参与其中，决不能绞尽脑汁去算计任何一方，否则，出局的只能是自己。我长期在讲，你把所有人都看成是最聪明的，你自己才是最聪明的人；如果你把别人都看成傻瓜，只能说你自己才是最大的傻瓜。

有句话叫"十个搭伙九个扯皮"，这种现象在生活中不胜枚举。贵阳原来有个叫"孩子王"的商场，专门卖孩子用品，生意做得好的时候，在贵阳市中心大十字占有好几层商场。贵州全省的这个行业没一个人能做得过该商场的管理者。不过，如今你再路过大十字，这个昔日曾熠熠生辉的金字招牌已然消失在大众的视线中。据说，这家商场最初是由贵大的几个大学生合伙开的，开始几年发展势头如日中天，但是，最终因为扯皮，商场开不下去了。

扯皮，就是分得不好的结果。

在我们的周边，经常能听到几个朋友因为共同的志向而开店，因为扯皮而不得不分道扬镳的故事。为什么会扯皮？因为人性！两个人合伙做生意，双方都会觉得自己做得多而分得少，永远都会认为对方亏欠了自己。有些甚至会怀疑对方是不是动了什么手脚，偷偷拿了营业款，诸如此类。开始的动机都是好的，发展到后面，人性中的不良因子发挥出越来越多的不良作用，从而演变为互相猜忌。到最后甚至会认为："他怎么是这样的人，都怪我当初瞎了眼。"客观而言，搭伙做生意不一定是什么美好的事情，有可能是一段惨痛的教训和痛苦的回忆。

没有经历过的人，即便知道"十个搭伙九个扯皮"这句话，体会也不会深。有的还自以为高尚得很，觉得"搁在我身上不会发生这样的事"。他相信自己的能力和品格，却不知道人性。他败给的是人性，而不是自己的能力。

说到底，"十个搭伙九个扯皮"的症结所在，就是分得不均匀，分得不公平。当然，这个不公平事实上可能并不是一个客观标准，因为多数小生意根本没有什么科学规范的规章制度。分得公不公平，更多时候是双方的心理感受。

社会的发展离不开一个"分"字，企业的壮大更离不开一个"分"字。"分"的核心，就是处理好名、权、利的关系。

贵阳市有一家很著名的肉制品企业，它在分名、权、利的过程中就做得很好。这家为大家奉献了很多美食的企业现在发展得很好，还上了新三板。公司的几个股东在这个过程中不断地稀释自己的股权。尽管他本人股权少了，但现在公司发展得越来越好，公司的资产增加了，他的股权折合的资产也比以前多了。

现在最流行的公司形式是股份制，发展得最成功的似乎也是股份制。股份制从科学的角度、以规范的制度解决了一个"分"的问题——绝大多数人是股东，都把公司当作自己的公司来经营。是一个人的力量大还是众人的力量大？是一个人的智慧多还是众人的智慧多？股份制把名、权、利分出去了，而不是一人独大，如此优良的基因和科学的机制，想让它不发展都难！

长远来看，那些会分的人都成功了，那些会分的企业都壮大了，倒掉的企业都是不会分，或者舍不得分的。守财奴没有一个能做出大事业和大成就的。财是分出来的，而且越分越多。要永远记住，"财聚人散，财散人聚"。

"财聚人散，财散人聚"是一个比较有名的企业指导思想。好多企业老总听到心里会嘀咕："可能这真的是个好办法，不然为什么这句话这么流行呢？"但是一轮到他自己身上，就怎么也舍不得把自己白花花的银子撒出去。

"财聚人散，财散人聚"到底是什么含义？一般人会认为就是老总不要吝啬，多给员工发工资和奖金。如果这样理解，那这个企业就完蛋了，因为老总辛辛苦苦一个月，公司也没有多少利润，如果都发完了，那老总这个要承担公司最大经营风险的人还赚什么钱？

真正的含义是，老总不要独享公司股权，要在公司经营过程中，不断地稀释股权，让员工也能成为股东。如此，才能把员工团结起来。老总稀释股权亏了吗？假如一家公司有 100 万元资产，老总独享股权，他也只有 100 万元，后来公司发展到资产为 1 亿元，老总比之前划算还是不划算？

如果把"财散人聚"简单地理解为给员工多发工资和奖金，那不单害了员工，也害了自己，最终还害了公司，因为它不符合市场规律。真正精明的企业管理者明白，财散不是手散，需要一整套机制和方案，是一个循序渐进的过程。在这个过程当中，千万急不得，甚至有时员工要舍小利而顾全大局，和公司共渡难关。

有一些知名的大公司在它起步阶段就出现过这种情况，公司连工资都发不出了。这时有一部分员工和老总团结起来，共渡难关，最终公司做大后他们成了元老。而一些员工在公司有难时跑得比谁都快，后来他们在外面的发展也不见得就好。日落西山你不陪，东山再起你是谁？

薄利多销是商场的一个策略，在以前屡试不爽，发展到现在却步履维艰。为什么？简言之，就是因为社会信用体系不完善，薄利多销这一招被一些不良商贩用滥用坏了。一件衣服，他原来售价200元，为了迎接"双十一"，他挂出牌子，"原价500元，现在六折，只需300元"，并美其名曰"薄利多销"。请问这是薄利多销吗？

中华民族历来是一个智慧的民族，只是有些人把聪明才智用到了歪门邪道上去了。有一段时间，"山寨货"盛行，大有把正版货压垮之势。"山寨货"或假冒伪劣产品以比正版货低得多的价格出售，能算薄利多销吗？

薄利多销是同样的品质售价比别人低，绝不是低劣的品质比别人卖便宜点。香港领带大王曾宪梓早年开拓市场时，就很好地运用了薄利多销这一招，并且取得了不错的效果。现如今，在国内市场，硬是把这有效的一招用坏了。在国人的眼中，薄利多销基本上等同于骗人的伎俩和手段。悲哉！

"名、权、利"是一个人在社会上的立足之本。在公司内部，如果老总把公司的"名、权、利"永远牢牢地攥在自己手中，舍不得分出去，请问有几个员工能真正愿意为他卖命？员工会想，既然你要剥削我，只让我拿一份薪水，那我也没理由为你发挥我的聪明才智，拼命地干。如此一来，公司能发展壮大吗？

股权之妙，就在于把公司所有员工都变成了企业管理者。哪怕他只占百分之一的股份，公司的盛衰也与他紧密相连。他明白，公司哪怕亏一元钱，其中有一份就是他的，公司哪怕挣一元钱，他也能分到其中的一份。如果企业管理者都能像华为的任正非一样把公司变成千百个人的公司，还愁没有发展的动力和前景吗？所以企业管理者要舍得分利。

很多企业管理者虽然明白这个道理，但往往舍不得或怕自己吃亏，因而把这个行之有效的方法扼杀在摇篮当中，也把公司的大好前程断送在自己手里。

我有一次给一家企业搞了两天一夜的培训，每个队都选了一个队长，所有管理问题我只找队长，绝不会找下面的人。我只要把队长搞定就行了，如果团队不行的话，我就把队长换了，这叫"只换头不换尾"。整个队伍不出结果的话，只要把"脑袋"换掉就行了。

这就是用人中的"授权"和"监督"。授权给队长管理团队，又对队长进行监督。

不仅培训其他公司我是这样做的，在我经营和管理自己企业的十几年里更是如此执行的，每个项目都会分给不同的部门负责人去完成。当然有的部门负责人能很顺利地完成，有的部门负责人则不能顺利完成，甚至会失败。

上次重庆分公司的一位负责人，在三个月内居然没有把团队组建起来。我们创办分公司组建团队分两个阶段，第一阶段要求在半个月之内招满5个人，第二阶段要求在接下来的半个月内组建10人的团队。结果到了第三个月，重庆分公司只有3个人。

我和重庆分公司的负责人沟通："为什么开业三个月了，连10人的团队都无法组建成功，而花费在招聘上的费用快上万元了（当然这个钱不是我掏，公司有制度，谁组建团队谁掏钱）。"我觉得，我们在给客户培训招用人课程，教别人的事情自己却做不到，这已经不只关乎成败，更是丢尽颜面了。

对方这样回答我："老李呀，你是不知道，重庆的妹子没有本地那么好哄，而且在重庆我们的品牌也不够响亮。"接着向我诉了无数的苦，也给我解释他想尽了各种办法。我听后苦笑了一下："我们招聘人才怎么就变成了哄别人？贵阳总部刚成立的时候，也没有任何的品牌呀，我们不就是睡地板把品牌打响的吗？而且，现在我们的运作模式和管理模式都成熟了很多。"我最后说："干脆从贵阳调几个人，协助你组建团队吧。"

第二天，我从贵阳总部抽调了几个精英过去协助。顶着重庆40℃的酷暑，睡地板、啃面包、吃方便面，苦战一周后，组建了10多人的团队。这时重庆的负责人说："老李呀，如果我有这样的团队，何谈大业不成呀。"言下之意是，不是我厉害，是我运气好，有这么几个厉害的人相佐。我心里笑了笑，你知道这些人都是怎么训练出来的吗？

重庆分公司的团队算是组建起来了，但是业务开展却不顺利。为了解决这个问题，我又从贵阳派人到重庆帮助联系客户，增加了不少会员单位，几场培训会也开得相当成功。孰料，当我把贵阳派去的人撤回来后，不到半个月，重庆的团队就跑了一半以上，一个月联系的客户也只有区区3家。

有句歌词唱得好："我们不一样，不一样。"我经常会细细地琢磨：人和人，到底哪里不一样？后来，重庆分公司的负责人又打电话给我：

"重庆的市场和贵阳不一样呀，我实在是坚持不住了。"这样的话，我不知道听他讲第几次了。我的做事原则是事不过三，我直接告诉他："你关掉重庆分公司吧，我后期再安排人做。"

换人是不得已之举。但这说明，在对相关人员进行监督之后，一旦发现他不能胜任，进行及时的人员调换是多么重要，否则，原来的工作得不到进展，仍是死水一潭。

我非常信奉"一将无能，累死三军"这句话。这不是我第一次换大将，他只是其中的一个。在我开公司的这些年中，换掉的大将不下十个。被换掉的这些人有一个共同的特点：经常把"没有功劳，还有苦劳"挂在嘴上，还经常抱怨"组建团队太难，联系业务太难"。要想把牛拉到指定的地方，拉牛尾巴无济于事，牛头才是要害所在。

要想电脑好用，需要隔三岔五地把软硬件升级，何况是团队。作为公司老总，我只需指挥、训练、更换下面的负责人。培训和训练就是给大家换思维，如果不能及时地给他们换上好的思维，他们就不会有好的行为；没有好的行为，就不可能得到好的结果。

分、授、监督、培训、训练，是企业用人的法宝。企业必须建立好用人机制，建好公司的架构图，明确员工的岗位职责、晋升通道、个人成长规划等。有了这些，企业、老总和员工三位一体，就像一辆有了无穷动力的战车。

五、古为今用：六正人才和六邪人才

唐太宗和魏征是佳话颇多的一对君臣，这在中国历史上并不多见。魏征对唐太宗上了很多谏，有史可考的有二百多次，而唐太宗基本能做到从谏如流，这个很难得。大家都知道一句话，"伴君如伴虎"，皇帝要杀死一个臣子，那是分分钟的事。因为封建社会还是特权社会，皇帝拥有绝对的特权。

离皇帝近的人，表面上看起来风光无限，然而只有他们自己心里知道，这是一个"高危职业"。一个人走在老虎旁边，表面上那只老虎安静地匍匐在草丛中，可在你意想不到之时，瞬间就能从地上腾跃而起，一个猛扑，直扼咽喉。"伴君如伴虎"，这句话实在太形象了。

一个大臣陪在皇帝身边，表面上他面对的是一个人，实际上他面对的是人类喜怒无常的情绪。皇帝被赋予无上的权力，可以为所欲为，所以他的情绪对大臣来说就是一种危险。"伴君如伴虎"，危险的是面对人类复杂善变的情绪。

唐诗宋词，是中华五千年历史留下的瑰宝，洋洋洒洒数万首诗词通过一代又一代人的传承，至今仍然活在人们心中。然而遍读唐诗宋词，在华丽的词语下，在优美的意境中，古人慨叹的不外乎两大主题：一曰世事无常，一曰人心善变。

这样一种慨叹，随着人性的遗传而传承至今。你会发现，现代人虽然有了车、有了手机，但依然时常为无常的世事和善变的人心而痛苦和迷茫。南唐李后主叹曰："问君能有几多愁，恰似一江春水向东流。"他咏叹的，是世上"等闲平地起波澜"的人心。

人心不似水，在平地能平静地流淌。人心是叵测的，一个人前一刻还是笑脸，下一刻可能就是怒目。人心是复杂的，前一刻还是喜悦，下一刻可能就是仇恨。你给他喂饭，他未必会报答你，反倒可能养了一头白眼狼……面对无形的人心，谁又能捉摸得透呢？自己的情绪无法捉摸，别人的情绪更无从捉摸，像雨像雾又像风。

现在的朋友圈有不少鸡汤，诸如"强者平静如水，弱者暴跳如雷""你能给别人的舒服程度决定了你的高度"，等等。这些都没错。

强者平静如水，并不是说他没有脾气，而是他把情绪管理和控制得很好。刺激—反应，这是任何生物体的自然状态，人类也不例外。如果戳一下毫无反应，那很可能是一块死肉。所以，别人骂你一句你心里不舒服，是很正常的反应，不同的只是应对的方式。没修养的人当场破口大骂，还以颜色；有修养的人则心里微微一笑，"不和这种人一般见识"。

其实，道理大家都懂，难的是做到。

唐太宗为什么能听从魏征上谏呢？这和唐太宗的经历有关。他和他老爹李渊都是马上皇帝，这天下是他们一刀一枪打下来的。在当皇帝前，他们经历过颠沛的人生。《隋唐演义》中有一个家喻户晓的故事：李渊有一次受他的皇帝支配，带领家属远赴他地，途中遇到响马，准备夺他财、杀他人。要不是秦琼出手帮忙，李渊一家老小很可能命都没了。

如果觉得小说不够真实，没有说服力，那我们看看正史：唐朝的天下打下来后，李世民也并没有资格名正言顺地即位。他和几个兄弟之间都觊觎皇帝的宝座，因而引发了一场"玄武门之变"，宫廷中血流成河。杀了亲兄弟，他才登上皇帝的宝座，他的皇帝位置是用鲜血换来的。

有了这样的身世和经历，唐太宗或许真正明白了一个道理，就是要听贤明之言，才能把国家治理好，把皇帝这个宝座坐稳。在这样的心理支配下，他才愿意让魏征上谏。

然而即便唐太宗有充分的心理准备，魏征的上谏还是时时犯颜，让唐太宗受不了、气不过。有一次他甚至气得对皇后说："我要杀了这个乡巴佬。"

皇帝也是人，是人就有脾气。魏征的每一次上谏可谓都是直戳唐太宗的痛点，从谏是他不愿做、不想做而又不得不做的事。唐太宗之所以按捺下心中的不满和脾气，是因为他是明君，明白魏征之谏是为这个国家好，为这个朝廷好，为他李家的天下好。但一个人的情与理是经常打架的，明知理是如此，情却耿耿于怀。

不过不管怎么说，唐太宗和魏征留下的这段千古佳话，还是让我们在封建中央集权专制中，看到了人类进步的一丝光明。

每一个皇帝从即位开始，纵欲享受、骄奢淫逸，才是他内心真正想要的东西。上朝理政之类，是外界环境逼迫他这么干的，情势使然。对这一点很容易理解。诸位，你只要想想自己当皇帝后最想干什么就明白了。

你当皇帝后，肯定想的是，我有至高无上的权力，想干什么就干什么。这也没错，因为人天生就渴望自由，尤其是绝对的自由。匈牙利诗人裴多菲说："生命诚可贵，爱情价更高。若为自由故，两者皆可抛。"你当上皇帝后的第一个念头绝对不可能是治理国家，造福人民。为什么？当皇帝享受是一种权利，而治理国家是一种责任。

正是有了宽松的环境，魏征才可能在唐太宗面前大谈特谈"六正六邪"，为我们后人留下了宝贵的选人用人的方法。

那么，何谓人才的"六正六邪"？

"六正人才"指圣才、良才、贤才、智才、贞才和直才。

圣才：当事情还没有发生之前，就及时采取措施，让上司及团队采取办法，提前做好预防和规划的人才。

在公司，一般CEO这个位置才有圣才。在中国古代官僚体制中，一般丞相的位置才有圣才。如果公司有两三位圣才，那么老总就不用操心了，因为他们随时会预测各种情况并采取相应措施。

三国时期，刘备的团队就有这么一个人，那就是大名鼎鼎的诸葛亮。诸葛亮对蜀国的创立可谓功勋卓著，自刘备三顾茅庐把诸葛亮请出来之后，刘备才告别了四处颠沛流离的生活，踞荆州，建政权，与魏吴抗衡。

后来又历经益州之战、汉中之战，南征北战，使刘备在局势非常动荡的东汉末年有了自己的一席之地。杜甫对这位神奇人物曾作诗赞曰："功盖三分国，名成八阵图。"诸葛亮更为后人所神化，成为用兵如神的智慧化身。他在蜀国，确实当得"圣才"二字。

刘备死后，诸葛亮忠诚有嘉，一心辅佐少主，从未想过把人人垂涎的皇帝宝座收入囊中。可惜的是，蜀国的人才突然就此中落。当时有一句话叫"蜀国无大将，廖化做先锋"，可见，圣才需要培养接班人。诸葛亮是统领性的人才，要学会随时寻找人才、驯化人才，不然培养不出接班人。每一家公司都应该有两三个圣才，帮老总分担责任。

良才：虚心诚意，用善意、良好的办法，引导员工走正确的路，使团队和上司不做错误的决定的人才。

你们公司有没有这么两三个良才？一般人都会把眼睛往外看——哇，外面都是人才，唯独自己的公司没有人才。这几乎成了企业的通病。"老婆是别人家的好"，这是男人的通病；"外来的和尚会念经"，这是国家的通病。所以，正确的方法是眼睛不要随便往外看。

如果一家公司的团队厉害，那这家公司的老总就一定厉害，丢给他任何人，他都能带出一流的团队。相反，如果一个团队乱七八糟，那老总肯定没多大水平。一般大公司的总裁或者厉害的人很少会跳槽，因为他明白，他能在这个公司干好，不仅因为自己能力强，也是因为老总信任、团队团结，在其他公司不一定能干好。

对于良才，很多公司找都找不到，一旦碰到，就不会放手。有的老总为了留住良才，甚至不惜分一半股份给他们。如果有公司把良才放走，就说明这家公司的 CEO 不是诸葛亮。

贤才：为公司和上司长期推选人才，长期用讲故事的办法培训人才、推荐人才的人。

贤才多半存在于行政部和人事部中。很多公司需要这样的人才，包括我们公司也一样，也在经常寻找这样的人才加入我们的团队。

行政部和人事部一般有个习惯，会向老总汇报："为了找到贤才，我们已经竭尽全力了，现在找不到贤才，不是我不努力，而是市场上没有贤才。"这样说话的人是贤才吗？

其实任何人都不应该说这样的话，什么"市场上没人才"，只能说明你能力还不够。市场上怎么会没有人才呢？行政部和人事部的人要学会宣传，走到哪里都要讲公司的故事，讲给更多的人听，就一定能招到人才。去外面找人时，行政部或人事部的人要把眼睛擦亮，按照公司前五名或前十名的标准去找。很多单位从百度中去查找招人标准，事实证明，这基本上是没用的。

五年前，我们公司淘汰过两个原本能力不差的人事部主任。他们对我说："公司这次招的一帮人不是人才，能力不行。"我毫不客气地训斥他们："那我要你干什么，你要么在这些人里面找到人才，要么把他们训练成人才，这样你才有存在的价值。"

很多公司招人时要求"这个职位我们要本科以上的""那个岗位我们要硕士生"；有些公司还对求职者提出"形象好"的要求，形象好固然重要，但更重要的是性格、人品。男人挑选老婆时以什么作评判标准？如果两个女的长相差不多，他肯定会选性格好的。单身男士最好找性格好、心地善良的女士，娶了这样的老婆，将来才能放心，不然说不定哪天就会出事。公司选人也一样，选人先看人品。

《三国演义》里的庞统，如果按照"形象气质佳"的标准来选，永远都不能进入蜀国。之前庞统就有过一段痛苦的经历，因为外貌丑陋而被孙权嫌弃。后来，庞统为蜀国留下不少伟绩：献计锁船、耒阳理事、议取西蜀……每一件都充满了睿智，估计孙权闻知后肠子都悔青了。孙权以貌取人，让自己失去了一位足智多谋的人才。

"人不可貌相，海水不可斗量"，为了弥补人们以貌取人的成见，前人提出了这样的智慧建议。在我看来，就算是招聘前台接待，也不应该把形象或者学历放在第一位。任何一个职位，都应该把品行放在第一位。

智才：在工作的时候会长期仔细观察问题，提出解决问题的见解，并且不断为团队解决问题，在公司发展的过程中能让团队转危为安的人才。

公司平时只要门一开，就会遇到各种问题。一般情况下，员工给老总或是上司汇报的全是问题。十个人中有九个人说，"今天我没卖出产品""今天我任务没完成""今天我没招到人才"……这样一来，老总整天充当的是"救火队员"，疲于解决各种问题。如果不去想办法解决问题，老总就会焦头烂额。

　　如果遇到员工反映问题，老总该怎么办？在这种情况下，我会对员工说："你看到几个问题不重要，重要的是你要找出解决问题的办法。如果你看到一个问题，就要向我提供三种解决方案。"为什么要三种方案？因为老总是做选择题而不是做填空题的。

　　我还会进一步要求员工："你要提前预测出每种方案的后果，三种方案后面要有个括号。你认为哪一种方案最好，就在后面打个钩。"最后，我看过方案，结合自己的思考和判断，只需画个钩就行了。在这个过程中还能观察到，这三种方案是不是他自己写的，有没有认真思考过，执行得怎么样。通过这些，判断他是不是有工作主动性。

　　在实际工作中，很多老总并不是这样做的。员工反映问题后，老总自己写方案，写完后交给员工去处理，最后员工却说："对不起，执行中失败了。"还对老总讲一大堆推卸责任的话："当初我说不行，你偏说行，现在看到了吧……"

　　老总听了一生气，亲自去把问题解决了，然后回来跟员工说："怎么样，我说行吧。"员工此时则趁机溜须拍马："老总威武，老总雄起，还是你厉害，所以你当老总，我当员工。"很多老总听了这种阿谀奉承的话会很开心，下次又自己去解决问题。其实这有什么可开心的呢？

　　贞才：在公司里边能带头遵守纪律，能努力做好自己的本职工作，不欺上瞒下，能吃苦耐劳，长期无怨无悔，不讲条件，勤俭节约的人才。

　　这种人在毛泽东时代见得最多，最有名的莫过于被立为榜样的雷锋。这种人是团队的标兵。作为国家喉舌的中央电视台长期都在做这件事情，树立劳动模范，树立团队榜样。大家不妨好好想想，自己的团队有没有塑造出这样的人才？如果没有，那公司员工向谁学习？

员工应该向谁学习？对，冠军。我们公司的墙上都贴着销售冠军的头像和他的业绩。至于冠军是谁，实际上并不重要，重要的是只要一进公司大门，就要让大家看到有一个冠军存在。

如果我们的团队中没有销售冠军，那我们的团队能成为冠军团队吗？这方面，我们的党做得非常好，教我们学会树立榜样、塑造榜样，让所有的人去向榜样学习。

大家在电影和电视上看到过焦裕禄吧，为什么要学习焦裕禄？那是因为咱们党需要一批好的县委书记，那就要先树立一个榜样。在全国几千个县当中，找来找去，最后找到了焦裕禄。在公司里面也一样，需要推出一个典型，树立一个让员工学习的榜样。

另一个著名的榜样，是大庆油田的王进喜。那时，中国严重缺乏石油，国家号召全国人民多开采石油。王进喜凭着他不怕吃苦、勇于挑战的精神开采出了石油，被称为"铁人"。"工业学大庆，农业学大寨"，就是那个时候全国上下流行的口号。在这个口号的号召下，大庆成了全国人民学习的榜样，结果"哗"地一下，几十万人就跑到大庆开采石油去了。石油一下子就打出来了，汩汩冒出的黑色液体抚慰了多少期盼的心。

从国家层面来说，就是需要这种能给别人当榜样的人，让整个社会学习。雷锋有雷锋的铜像，焦裕禄有焦裕禄的铜像，王进喜有王进喜的铜像，国家给了他们最高的荣誉。为了快速发展，公司也要毫不吝啬地把优秀的生产人员和销售人员的头像挂到墙上去。

有些公司的老总在堪当榜样的优秀人才离开公司后才后悔莫及，对他苦苦挽留："你不要走啊，我为你感到自豪。"为什么不早点把人家当榜样推出去，以高度的荣誉感动他呢。悔之晚矣。

所有人都希望自己能成为榜样，被挂到墙上去，让别人仰慕，这是正常的心理。公司要从基层开始就树立榜样，通过这种方式，让"冠军"产生一种自豪感，让其他人仰慕，互相之间影响、互相比追赶帮。这样，团队建设的效果很快就上去了。

你看"老干妈"的瓶子上，是不是挂了她的头像？她这样做，除了有助于品牌宣传外，对树立自己的权威地位也有所帮助。在"老干妈"公司，可能所有的员工看到她都会不由自主地敬畏三分，之所以如此，除了她是老总外，和铺天盖地的老干妈头像对人心理的潜移默化作用恐怕也不无关系。所以，企业管理者要学会把自己的头像挂到墙上去，这样别人一进门，就知道谁是老大了。

直才：当上司做出错误决定的时候，敢直言反对，能阐述出错误的理由，并能提出改善和解决问题的办法的人才。

魏征口中的"六邪人才"又是什么呢？

（1）安于现状，贪图富贵，不努力工作，随波逐流，左右观望的人。

（2）凡是上司说的都是对的，凡是上司干的都是对的，每天只去琢磨上司的想法，讨好上司，拍马屁，只想和上司一起享乐但不同苦的人。

（3）内心奸诈，表面谨慎小心，巧言令色。看到比自己能干的人就嫉妒，如果想推荐一个人就拼命吹捧，如果不想推荐一个人就想方设法打压，到处散布流言蜚语，让团队号令不灵的人。

（4）很有才能、智慧，但是才能和智慧不用在工作上，而是用在怎样掩盖自己的过失上。自己一旦做正确一件事情，就生怕别人不知道，到处宣扬；一旦做错一件事情，就巧言辩解，尽量推卸责任；好大喜功，到处挑拨离间，让公司很难团结一心的人。

（5）自作主张，拉帮结派；在利益面前只顾自己，不顾团队；在责任面前只往别人身上推卸，决不承担责任；假传上级命令，只为达到自己的目的的人。

（6）巴结上司，对下属胡言乱语，上传下达不畅，让公司的政令不灵的人。

"六邪人才"现在是多还是少？一句话，这种人多得数不胜数。

中国人最擅长打太极了，太极八卦图是一个圆从中间剖开，一面阴、一面阳。《黄帝内经》中说，人是由阴阳组成的，世界万物皆由阴阳组成。这说明了人的本质有好的一面，也有坏的一面，呈现在社会层面上，有光明的一面，也有黑暗的一面。我们的老祖宗和西方哲学界都曾争论过"人性之善"和"人性之恶"，其实没有那么绝对。"六邪"对应的是人性之恶。

公司中总有那么一些人，姑且称之为"鬼才"。这种人，可以让他去收集情报，也可以把他赶到竞争对手那儿去。你不需要把竞争对手摆平，这些人去了那里，就能把竞争对手摆平。

同行有时会开行业交流会，此时，我会跟竞争对手讲："我们公司的某某很厉害，谁要是得到这样的人才，公司一定能得到发展。"有些老总一听，会暗暗地把这些人的名字记下来。我还假装好意地问他："你要不要看一下他的照片？"他一听："怎么不要！"我让他们赶快来挖人，结果怎么样？谁用谁知道！

贵州省有两千多家人才市场，贵阳市有两百多家。到现在，做得好的只有三家，一家是贵州省人才市场，一家是贵阳市人才市场，还有一家就是我们众国人才市场。其他两家都是国有企业，唯独我们是民营公司。

这么多民营人才市场，大浪淘沙后，做得好的寥寥无几。我走到哪里都不和这些公司竞争，只要这些公司把这样的人收下，我还需要跟他竞争吗？你直接把"六邪人才"当作一颗炸弹送到对手怀里，就是最高明的竞争手段。用到后面，他们慢慢感到不对头，忍不住会问："你是不是某某派来的卧底啊？"

对于"六邪人才"，千万不要得罪。我们都知道，得罪谁都不要得罪小人，得罪他干吗！当他走的时候，我会说："你走了好可惜，到了那里好好干。虽然今天你走了，但我们还是朋友。"可以和他一起喝喝酒、聊聊天，但工作少交流。

我这样对他好言相告，他心里会想："老总请我喝茅台、吃龙虾，对我太好了，现在我走了，真的太可惜了。"那他报复的对象肯定是别人而不是我。很多老总，到最后连自己是怎么死的都不知道。

不妨把"六正六邪"的人才标准贴到墙上，让员工每天看。有些人看了后对照，发现自己原来是"六邪人才"，会感到不好意思。盖子揭开了，接下来这些人自然而然会想着如何改变，至少会收敛一点。我们公司长期都这么做，员工看了墙上的人才标准后，会自动对号入座。像一面镜子一样照出员工的本来面目。

"六邪人才"擅长拉帮结派、打击报复、偷鸡摸狗，进行公关的时候还会施展美人计。总之，凡卑劣招数、阴险伎俩，他们几乎无所不会、无所不能，甚至能用到极致。这些招数，"六正人才"岂能做得出来？很多人不知道，业务部门就需要这种人。

这些歪门邪道的东西，在复杂的社会中往往能取得意想不到的效果。而这些，正直之士是做不出来的。搞公关太老实的话，又如何把贪官拉下马？

但在生产和管理部门，是不可以用这种人的。这种人心浮气躁，只想投机取巧、不劳而获，只想付出最少的精力赚快钱。搞生产，需要实实在在做事情的老实人。

有些人说，太实诚的公司都死完了。这话有一定道理。老实人在社会上混不开，适当的奸诈和心计才能让你有一定的立足之地。这个道理对个人、对公司，甚至对国家都适用。

所以，公司要学会善用"六邪人才"。让他们去跑市场很好，咋用咋灵，甚至都不用你去教他们那些"歪门邪道"的招数，他们脑袋里原本就装得有。这种人好的不学，专学坏的，把人性中的"恶"发挥得淋漓尽致。然而，残酷的现实是，"卑鄙是卑鄙者的通行证，高尚是高尚者的墓志铭"。作为企业管理者，要学会对内用什么样的人、对外用什么样的人。从这个意义上讲，老总是全天下"坏"之集大成者。

◎ 没有无用的人，只有放错位置的人

魏征曾说，对六正人才要重用，而对六邪人才坚决不能用。从国家层面来说，人才荟萃，济济一堂，自有随意选择的自由；但对公司来说，选人才的面远没有那么广，只能两者都用，关键是要放对位置。

一家公司，这十二种人才都需要，但要放对位置。秦桧当丞相，岳飞当将军，这是把位置放错了。秦桧这种人需不需要？需要。但是让他搞搞外交就行了，而不应让他管岳飞。其实秦桧和岳飞的位置稍微调整一下就行了，倘能如此，南宋的历史可能还会延续上百年。

在一家公司里，应该让耿直的人管歪门邪道的人，让歪门邪道的人去外面发挥作用，把客户摆平。公司寻觅公关人才去哪里最合适？去KTV！经常出入KTV的人，在觥筹交错中对处理人际关系游刃有余。这种人八面玲珑、见风使舵，知道以哪种手段对付哪种人，知道"见人说人话，见鬼说鬼话"。这样的人才，现成就能用，公司连培训费都省了。老总只需告诉他需要达成的结果，他就会拍胸脯："老板，你放心，我知道该怎么干。"

六、建立用人机制

招人需要机制，选人需要机制，用人同样需要机制。企业管理者的一个重要职责就是，制定好各种晋升机制、薪酬机制、惩罚机制。比如"员工做到哪种程度，就可以享受哪种待遇"，然后再用结果来验证。需要注意的是，这是一个循序渐进的过程，要讲究方法，否则很可能把员工管死或失控。

很多单位都在研究管控过程。比如，选人需要一层一层地选，用人也一样，需要一步一步地用，但这一切说到底，全靠机制。对于六正人才和六邪人才，如果没有机制，你怎么知道他是六正人才还是六邪人才？凭眼睛或是耳朵吗？

有些人表面看上去很开朗，但在家里却很内向，那我们看到的是真的还是假的？有些人看上去很优秀，等到把他提拔上来才发现，我们用错了人。有时听到有人说某某人很坏，如果我们通过道听途说去评判别人，能评判得好吗？应该通过科学严谨的机制，来弥补人们感性认识的不足。

在这方面，看看我们公司是如何做的。

我们公司有一个表格，上面标的工资有 1800 元，有 2500 元，有 3000 元，高的一直到 45000 元。后面有对应的工作项目，比如一个人一天打 120 个电话，他就可以得到 1800 元。但是仅凭这一条还不够，只会打电话，我们培养出来的只是电话营销员，我们现在要培养更高级的管理员。

那么他想拿 2500 元该怎么去做？现在有很多新兴的通信工具，比如 QQ 和微信，他就得发 30 个 QQ 群，发微信朋友圈分享一次。此外，他还要写文章。这个层次对他的写作要求也不高，随便他写，好坏无所谓，甚至是不是在百度抄的也对他睁一只眼闭一只眼。

想拿到多少薪酬，就必须达到多少业绩，结果和过程全部管控好了。在我们公司，如果员工想拿 3000 元的工资，那一天就要打 150 个电话、发 50 个 QQ 群、发 5 条朋友圈。同时，写文章也有标准了，不能去抄，必须是原创。现在的微信具有识别文章是不是抄袭的功能，这算是有人帮我们把了关。

只做业务员，每个月最多只能拿到 3000 元，公司的管理人才就会断档。因此，又有了一个更高的标准，那就是他必须每个月招到两个人。

这就是量化考核。

有些员工心比较大，想拿 45000 元，光靠打电话能行吗？让他一天打 5000 个电话，现实吗？既然他想拿 45000 元，那我们公司的机制要求是：他手下要有三个经理，他的团队要达到若干人数。他手下的人，要有多少个薪资达到 1800 元、多少个达到 2500 元、多少个达到 3000 元，他才能得到相应的 4.5 万元。

这种高级管理人才，早上来不来上班都无关紧要。讲句玩笑话，如果他来公司的话，还要喝一杯水，他上个厕所还要用水冲，也是成本。平时，他只需要到银行去拿个对账单，看看有没有问题。要是哪一天大家想见面，再打电话约也不迟，聚在一起吃吃喝喝多痛快。平时则没必要天天见面，免得浪费大家的时间。

我们公司管理用的全部是表格，上面有很多项指标，这才叫真的机制，而不是规章制度上写的东西。公司所有部门，包括行政部、人事部、生产部、财务部等，全部都用表格来考核。

表格就像一个总的抓手，也像一个最终的评判员，能说明一切问题。对于我的职场演讲，前来听课的人，上至董事长、总经理，下至主管、普通员工，大家对我的课程满不满意，都可以通过表格来给我打分。我自己说讲得好是没用的，那叫自吹自擂，只有客户说满意，才是真的满意。

有些人来我们公司面试的时候，问我能拿多少工资。其实，他想拿多少就拿多少。这么说，肯定很多人觉得有些虚。真的虚吗？其实不然。

拿 1800 元还是 45000 元，薪资后面对应的是工作量和工作成绩，只要员工完成了上面的任务和业绩，这些真金白银一分钱都不会少地装进他的荷包。

在我们公司，管理人员的收入、讲师团队的收入、任何员工的收入，都是拿表格来说话。作为企业管理者，我只需要学会看表格。

众国人才总监考核表

被考核人： 城市： 财务： 审计员：

时 段		营业收入	团队总人数	总裁招用人开课次数，参会人数	打造团队课程次数，人数	内训课程次数	就业、创业课程次数，人数	招聘会次数，单位、求职入场数	招聘会员总数	培训会员总数
一季度	一 月									
	二 月									
	三 月									
二季度	四 月									
	五 月									
	六 月									
三季度	七 月									
	八 月									
	九 月									
四季度	十 月									
	十一月									
	十二月									

1. 根据总监自己制定的目标来考核。
2. 根据考核项目，提前制定出年薪和奖金。此表格不影响股东分红。
3. 完成以上指标年薪为当年营业额的　　％，完不成处罚当年营业额的 ％。本指标由每位总监自己制定，根据制定数字核算出比例，为当年年薪，年薪发放时间为次年6月30日之前。　　　　　总监签字：_____2017年12月15日

七、他山之石：四大古典名著中的人才策略

三国讲礼聘人才，刘备"三顾茅庐"请诸葛。传为千古佳话。

诸葛亮请姜维入伙，也是有礼有兵，以情感之，而后又破格提拔，委以重任，确实不失为明智之举。

但蜀汉却没有建立起良好的人事制度，千里马重用与否，全是伯乐一人说了算，以致魏延怨气很大，到最后走向反叛，也是形势所逼。

一部《三国演义》，演绎了曹操、刘备、孙权不同的招人、识人、选人、用人、留人、育人观。他们的出身不同、环境不同，使用的手段和方式各有差异，事业的成就也有所不同。但相同点是在自己事业最为辉煌的时期，帐下都有出谋划策的谋士指点和能征善战的将军指挥三军英勇杀敌。在事业没落期间谋士陨落、良将缺失、后宫淫乱。

《水浒传》里讲人尽其才，不用完人、只求能人，只要有一技之长，就都可以得到重用。《水浒传》描写的在招聘人才方面，采取了多方面措施，能拉则拉、得抢便抢、该骗则骗。

一百单八将，上山的方式各异，成为《水浒传》最亮丽的风景。

从这个意义上讲，一部《水浒传》，简直就是人才招聘的百科全书，

我们不能不认真研读。

最后让一百单八将走上悲剧的真正原因，不是他们的个人能力不足，而是作为领导者的宋江缺乏远大的抱负和梦想。另外，作为领袖人物的宋江，也未能让这个骁勇善战的团伙打造成为真正的团队。

在人才引进方面，《西游记》里面也是常出奇招，主张从监狱或地痞中选拔人才。这虽是在强化佛教感化功能的伟大，但也反映出了一个时代的用人思想。

孙悟空是天字号劳改犯，压在五行山下五百多年了，却让他做了取经小组的副组长。很多人都在鼓吹"用师者胜"的理念，但这个团队的成功不只是说明要用能人，最关键的一点是要给能人的头上戴上紧箍咒，否则他随时可以号称"齐天大圣"，也更有能耐和机会敲掉你的饭碗。

猪八戒也是正在服刑的重犯，且在服刑期间又有新的劣迹，在高老庄一带横行乡里，欺男霸女。但在能力上他不得不臣服于副组长孙悟空，在团队搭配上不得不佩服这个组合。就算猪八戒有三十六变，也比不了孙悟空的七十二变，在取经的路上猪八戒就算想跑也跑不了。这也说明了就算团队里边有头猪，只要有孙悟空这样的领导者，他也能跟得上队伍，并且能和队伍一起同行。

沙和尚是流沙河里的妖魔，白龙马也是一条长期作恶的孽龙，唐僧却一一收留他们并委以重任。我佛慈悲，回头是岸，不论出身，不论前科，在人才选用方面，表现出了极大的宽容。

《西游记》告诉我们，团队不但要有一个心慈面善的老板，还得有一个能力不凡、不徇私情的总教练。这说明配合很重要。

《红楼梦》在人才选拔方面，以现实主义的手法，揭露了相对稳定时期人才选拔的弊端。

《红楼梦》中选择最高领导人的方式是联姻。为宝玉选媳妇，这当然就是为贾家选择未来的当家人，选黛还是选钗，不能太顾及宝玉的情感需要，而是要从接班人这个角度进行考虑。

黛玉气度狭小，身体多病，缺乏心智；宝钗就不同了，宽厚仁爱，身体健康，而且有管理方面的才能。所以宝玉这个政治婚姻，是只能选钗而不能选黛的。

其实在任何时期，作为领导者都要有一个健康的身体和一颗宽容他人的心。我们提倡领导能力大于管理能力。

不同朝代的招人用人之法如此大相径庭，想想都让人感到不可思议。《水浒传》谈江湖，《三国演义》谈朝野，《西游记》谈鬼怪，《红楼梦》谈官场，根本说的就是四个不同的领域和背景，怎么可能会有一样的招人用人方法？这就好比高层次的人和粗鄙之人谈高深之理、微妙之情，无异于对鸡对鸭讲、对牛弹琴。高层次的人明白这个道理，绝不会枉费口水。

四大古典小说家喻户晓，拿大家熟知的故事来譬喻一些道理，其目的无非就是增加文章的关注度和可读性。有头脑的人，自然会以分析的眼光去阅读。

◎ 借助别人的力量成就自己的事业，比自己摸索来得更快些

八、大公司的人才策略

现在的公司，不管规模如何，都有一个灿烂的梦想，那就是若干年后能成为世界 500 强或者上市公司。这一点几乎没有例外。

稍微有点实力的公司，一到年底，老总就急咻咻地喊战略发展部的人拿出一份公司的"一五规划""二五规划"，然后在每年的产值或营业额上人为地添上一个可观的增加百分比。老总看了感到心里十分舒坦，有时甚至会产生一种错觉，以为纸上的数字真成了他商业帝国的基石。人有时候会自欺欺人，好在残酷的环境中获得一丝慰藉。

然而，纸上的终究是一个虚幻的梦想，充其量只是一个好梦而已。躺在纸上的数字，最终很难变成公司实实在在的产值或营业额，很多老总躺在宽大的老板椅上，最终也只能显出一副颓丧的疲态。很可能，这家不温不火的企业，在市场大潮的冲击下，几年后就销声匿迹，变成过去式了。

即便是刚成立没多久的小公司，一间房、几条枪，老总坐在稍显寒碜的办公室里，在发呆之际，脑袋中也会冒出一些不切实际的幻想。不用做书面的"一五规划""二五规划"，人的野心，永远都会为企业的未来插上想象的翅膀。

没有一个企业管理者，哪怕是一家很小的公司的企业管理者会说："我做企业求的就是一个温饱，有碗饭吃就行。"如果这样，他还不如去找一份稳稳当当的工作，心安理得地去当打工仔。即便前路艰辛，所有企业管理者追求的都是功成名就后的锦衣玉食、豪宅豪车。

理所当然，大公司成为他们学习和仿效的对象，包括大公司的管理、营销、创新、用人策略等方面。大公司之所以能成为大公司，策略上肯定有它的可取之处。

自古商场如战场，弥漫着无声的硝烟。进入商场的人，往往遍体鳞伤，剩下的几个人，也是"一将功成万骨枯"，和战场上踩着别人的尸体爬上去，颇有几分相似。每一个将军，都是历次战争的幸存者，都是几十万死亡战士中的幸运者。这些大公司，就是战场上的将军。

让我们先从任正非这个贵州老乡说起吧。

现在蜚声国内外的华为公司，1988 年成立时注册资金才 12000 元。当时的 12000 元拿到现在虽然可能抵十几二十万元，但也不算多，很多公司都能达到甚至超过这个标准。1988 年到现在，将近三十年，华为公司有了质的飞跃。三十年之后，大家能不能成为华为第二？虽然很难，但也不是绝对没有希望。

华为的人才策略，最开始也是最具决定性的一步棋，就是大规模地进行校园揽才。1998 年，华为一次性从全国招聘了 800 多名毕业生，这是华为第一次大规模招聘毕业生。同年，华为与中兴通讯在清华大学展开了一场惊心动魄的人才争夺战，华为最终胜出。1999 年，华为一次性招聘大学毕业生 2000 名。2001 年，华为到全国著名高校招聘最优秀的学生。据说，当时华为口出狂言："工科硕士研究生全要，本科的前十名也全要。"

梳理一下就不难发现，华为招的都是国家已经为他培养好的人才，而且是全国顶尖高校的优秀人才。如此一来，它就省去了数年的辛苦培养，相当于直接拿来用。当然，由于校园和社会脱节，具有丰富理论知识的大学生在实践经验方面还有所欠缺，大学生要成为真正的"熟手"，还需要一段时间的实践和锻炼，这是一个必须经历的过程。但由于这些大学生基础扎实、理论功底深厚，所以很容易上路。

会不会向高校要"智库"，这是很多公司值得思考的问题。人才市场固然是一个必不可缺的渠道，一个重要的渠道，但有时招聘一些重要岗位上的人才，"绕"开人才市场，直接去高校门口虔诚地排队"预订"，也不失为企业引进关键人才的"独门秘籍"。可能有些公司的老总囿于思想局限，根本没想到过这一招，那今天本书中的建议就为你提供了一个更宽的思路。

"人才是企业的财富，技术是企业的财富，市场资源是企业的财富……而最大的财富是对人的能力的管理和使用，这才是真正的财富。"任正非对人才持这样的观念。华为选人，考虑的主要有四个方面：一是能否及时找到所需人员以满足企业的需要；二是能否以最少的投入招到合适的人才；三是能否适合公司和岗位的要求；四是试用期离职性的大小。根据这四个方面，华为形成了一套选择人才的标准，具体来说就是：合适的就是最好的，潜力重于经验，坚持严格程序，招聘员工以创新人才为主。通过这样的标准招入的人才，为华为的迅速发展壮大立下了汗马功劳。

任正非可以说是贵州的奇才，因为像华为这种超大型的企业，在一般国人的心目中不可能出自偏僻落后的贵州。然而凡事都没有绝对，中国任何一个地方，哪怕是穷乡僻壤，都有可能出奇才，清朝贵州就出了一个状元翁同龢。只是，贵州要想出成批的"任正非"和"翁同龢"，需要培植一块肥沃的成长土壤。

提起鲁冠球，绝对是20世纪80年代中国乡镇经济风起云涌时的风云人物，其凭借风靡市场的万向节产品挖到了企业的第一桶金。如今，万向集团这家创办于1969年，几乎尽得改革风气之先的企业，已成为国家120家试点企业集团和520户重点企业之一。

万向集团很重视人才发展，重视人力资源的培养，为此，它创造性地提出了"两袋投入"理论，即口袋投入和脑袋投入。万向集团的前身为乡镇企业，工人绝大多数为农民工，企业用了很大精力致力于农民工的改造工作，不厌其烦地加强对农民工的思想政治工作——咱们党制胜的一个法宝就是做思想政治工作，以形成高度的政治认识为目标，把一盘散沙似的人心高度组织到一起。"人心齐，泰山移"，何愁办不成事情。鲁冠球成长于解放初期，当然明白思想政治工作的重要性，也深谙思想政治工作这一套方法。他通过树立农民工的时间观念、质量观念和组织观念，最终把他们改造成为现代企业员工，并逐步使之具有企业主人翁意识和国家主人翁意识。

人的行为是由动机支配的，而动机则是由需求引起的。人的需求不外乎两大类，一是精神的，二是物质的。万向集团的"两袋投入"理论，使员工在精神上和物质上都能得到收获。此时，员工怎会不安心地在企业上班呢？

欧洲哲学家对人作了一个根本性的概括和定义："人在世界上，其实就是一个欲望体在行走。"这句话很好理解，你做每一件事都有一个动机，而这个动机背后对应的就是你的需求。你上餐馆吃一餐饭，是因为需要吃到美味的食物；你上电影院看电影，是为了满足精神方面的需求，或者是期望谈上一个女朋友。在哲学家眼里，人不再只是血肉之躯，而是一个"欲望体"。

"欲望体"一词本身无褒无贬，这是生命得以存续的需要，之所以这个词在有些人眼中带有争议，实际上是人类文明发展后道德层面带来的枷锁。

人是"欲望体"，这本身有错吗？如果撇开道德的说教，从生物进化的角度来说，这不仅一点没错，而且是能奉为圭臬的金科玉律。为什么这样说？因为人首先是动物性的，如果没有文明的进化，我们和其他一切动物就没有本质上的区别。

有一句话叫"人是万物之灵"，说明人终究脱不了物的范畴。不管文明、文化、道德、法律等后面衍生出来的枝叶再怎么繁茂，离开了人是生物有机体这一根基，恐怕所有的枝叶都要凋落，最终显现一派破败景象。

万向集团通过早期的积累和发展，企业越做越大。此时，它在消化不得不消化的农民工后，又把眼光投向了更广阔的范围，在全社会广泛招聘各方人才。和华为一样，高校毕业生也是它重点招聘的对象，每年都有200多名高校毕业生进入万向集团工作。2001年是万向集团大力开发、积聚人力资源的丰收年，全年引进院士3名、外国专家15名、博士及博士后7名、硕士27名。由于具有超前的用人意识，鲁冠球在乡镇企业和高校最远的一段距离之间，画出了一条最短的直线。

遗憾的是，这位创造了乡镇企业神话的企业家，在本书出版之前，刚刚离开了人世。从此人间少了一位优秀的企业家，天堂多了一位闲适的老人。

在家电行业被渠道垄断之前，张瑞敏所领导的海尔集团绝对是该行业的一个奇迹，从濒临倒闭的青岛电冰箱总厂，成长为中国最具影响力的跨国企业之一。它也充满了人才策略方面的智慧，并形成了自己独有的体系。

管理大师德鲁克曾说："企业只有一项真正的资源——人。管理就是充分开发人力资源以做好工作。"海尔集团的员工从成立时的 800 人增加到现在的 5 万人，对企业的人力资源管理提出了新的课题。如何调动全体员工的积极性和创造性，为企业的发展提供不竭的动力，成为关系海尔集团发展的重大问题。

在 30 多年的发展过程中，结合企业的实际，海尔集团总结出了一套人力资源管理制度和措施。比如在招人方面，海尔集团就遍引八方贤才，每年根据人力资源中心的规划，从全国各名牌高校的毕业生中挑选出优秀的人才，并且在用人方面遵循以下原则：因事择人，知事识人；任人唯贤，知人善用；严爱相济，指导帮助。

除了企业"新鲜血液"的必要补充，海尔的人才主要是通过内部竞争选拔得来的。实际上，绝大多数成功的企业采取的均是内部竞聘的人才选拔方式。据统计，20 世纪中叶，美国企业有一半以上的管理职位由内部人员填充，而进入 90 年代以后，这一比率上升到了 90%。

在具体操作上，海尔实行"公开招聘，竞争上岗"的赛马规则。每个月由人力资源中心公布一次招聘条件、工作目标、招聘程序以及动态激励情况，符合条件的人员都可以领到一张表，参加竞聘的人根据自己的能力与条件选择竞争方向，大家机会均等。

吸引、选拔了人才，认识、挖掘了人才，接下来关键还是如何使用人才、留住人才。海尔在这方面采取了很好的"留才"举措。"海纳百川，有容乃大"，海尔利用近代激励理论中的公平理论制定了"三公"原则，即对人才的考核任免讲究公平、公正、公开。

海尔用人讲赛马而不是相马，不是由领导发现人才，因为那样难免会失之偏颇，甚至会加入个人的感情因素，导致"暗箱操作"。"三公"这一说法现在很流行，但在25年前提出来，海尔还是开风气之先。这种科学合理的选才方法，为海尔的快速发展储备了大量的优秀人才。

联想集团总裁柳传志说过："办公司就是'办'人，人才是利润最高的商品。能够经营好人才的企业才是最终的大赢家。"

小公司办事，大公司"办"人。

市场经济的竞争，实质上是人才的竞争。拥有众多高素质人才，建立人才管理机制并且能够充分调动其积极性，才能在市场竞争中长盛不衰。在企业的发展过程中，联想认为人才应该有三种：一种是能独立做好一摊事的人，一种是可以带领一群人做好一件事的人，一种是能够制定战略、带队伍、做出大事的领军人物。公司比较小的时候，更多的是需要第一种人才；公司发展到一定程度，需要较多的是第二种人才；公司发展到比较大以后，第三种人才就尤显珍贵。

大企业是企业发展到一定程度后出现的产物，在资本主义阶段甚至会出现大托拉斯，垄断整个行业。在很多方面，大企业都为中小企业树立了榜样和标杆，有很多值得学习的地方。"他山之石，可以攻玉"，前人在实践中用无数次失败摸索出来的成功经验，能让你少走很多弯路，省去很多探索的曲折和艰辛。

中国的文化源远流长，而文字作为中华民族智慧的结晶，将上下五千年的文明史展现得淋漓尽致。中国文字最主要的一个特点就是象形，"企业"的"企"字就是一个很明显的例子，把"企"字上面的"人"去掉，就变成了"止"字。这一变化说明了一个简单而又深刻的道理：企业没有了人才，经营就会停止，最终就会不复存在。

九、人才之思

对于人才的定义和内涵，专家学者、企业家等进行过多层面、多角度的思考和总结。这方面，作为人才招聘和培育的专业机构，我们众国人才市场也思考过很多。

为什么要这么做？因为这是我们的本职工作。为什么要这样做？因为只有悟透人才的本质，成为人才方面的行家里手，才能真正服务好各家公司，我们的公司也才有生存之本。

现在各行各业竞争激烈，包括人才市场的竞争。众国人才市场虽然不是贵州民营人才市场中的唯一幸存者，但它绝对是民营人才市场的佼佼者，并与贵州省人才市场、贵阳市人才市场作为"三驾马车"并存。

这，自然有它的道理。

悟透人才工作的本质，掌握人才工作的各种技能和方法，是我们众国人才市场的核心竞争力。别人无法模仿，因为这不是表面的东西，它是深层次的东西；别人无法模仿，因为这不是一朝一夕可以做到的，它必须要有岁月的磨炼；别人无法模仿，因为它不是一般人能做到的事，它必须是聪慧和机敏的结合体。众国之所以成为现在的众国，就是因为具备了这几方面的禀赋和能力，时代也给予了它最好的机遇。

我们在经营的过程中，曾和很多企业探讨过一个问题：一流的企业家（一流的人才）能培养出来吗？

企业家易得，只要注册一家公司或企业，进行正常的生产经营就成了。那么一流的企业家呢？很多人会说，这个容易啊，只要用它的产值衡量一下，到福布斯富豪榜上找找就行了。真有这么简单吗？

用一个人的资产来衡量他是否为一流的企业家，这样评判固然不错，但思路有错。不能以结果来评判，应该从"因"来考究。因果因果，都是前因后果，还没听说过"前果后因"。之所以成为一流的企业家，是因为他身上具备了这种素质。在这种素质的引领下，他通过拼搏取得了惊人的地位和成就。

胡雪岩，这位清朝末年的传奇红顶商人，成就了自己的商业帝国，其实力之雄厚，连左宗棠都对他有所倚重。像这样的一流人才，靠培养能培养得出来吗？恐怕不行。

胡雪岩的成就靠的还是他的天赋。早在杭州阜康钱庄当学徒时，胡雪岩的机灵劲就为掌柜所赏识，掌柜于弥留之际把钱庄悉数托付给了胡雪岩。这个价值5000两银子的钱庄，堪称胡雪岩在商海中的第一桶金，胡雪岩也正是赖此发迹。

能紧紧地抓住每一次机遇，是胡雪岩把生意做大的关键所在。所谓红顶商人，意为亦官亦商，也就是今人所称的官商。官场有权力，经商有了权力的辅助，当然"好风凭借力，送我上青云"。

庚申之变，太平军攻打杭州时，时值国家动乱，战火频仍，民不聊生。照理说，这种环境是商家的大忌。乱世之中不唯生意难以经营，性命都有不保之虞。然而，对于精明的胡雪岩来说，这次战争竟成了他发迹的起点。他处变不惊，暗中与军界搭上了钩。清咸丰十一年十一月，胡雪岩从上海、宁波购运军火、粮食接济清军。杭州解围后的善后事宜也就水到渠成地被他收入囊中，他的阜康钱庄因此大获其利。

这说明什么？在特定的年代，企业家也可以是社会活动家。如果他沉醉于卖一担丝获几分利，就可能永远是小老板。如果他能在时代的风云中迅速捕捉政局的动向，并大胆地谋篇布局、闻风出动，那么，他收获的可能就是巨利。

胡雪岩的胆略不能不让人佩服。胆略，既要有胆子，又要有谋略，凡具有胆略的人，几乎没有不成功的。反过来说，胆略中只要欠缺其中的一方面，则庶难成大气候。只有胆没有略的，叫莽撞，也就是匹夫之勇，纵使他有扛鼎之力、喝断长流之威，也难把城池攻陷下来；只有略没有胆的，纵使他有经天纬地之才，也只能蜷缩在帐篷里。

"一流的企业家是知识培养出来的"，这是一个伪命题。如果这个命题成立，那中科院的人应该个个是富豪，因为他们是中国最厉害的集知识之大成者。如果这个命题成立，那考分也可视为财富，一分即对应为等值的多少万元。如果这个命题成立，那胡润评财富榜时，只需要往高校和科研机构走就行了。

改革开放之初，广东人得风气之先，最先经商、最先致富。那个时候一提起广东人，中国东西南北各个地方的人都觉得是腰缠万贯的有钱人。有了财力做支撑，原本只是一地方言的粤语迅速风靡全国，一个人只要能说几句像样的粤语，就马上能令人刮目相看。

这种凭地区实力让方言"上位"的现象在中华人民共和国成立之初就出现过。由于中国不少地方是由北方人组成的军队解放的，包括咱们贵州，所以当时北方话几乎等同于官方话。能说北方话的，在普通老百姓眼中就是从北方南下的干部，顿时对其肃然起敬。

这一现象在全世界范围内依然存在。英语几乎成为全世界通行的语言，就是因为早期的英国具有超强的军事实力、经济实力，殖民了全世界很多地方。英语现在依然能成为世界上的主流语言，是因为作为经济最强国的美国也通用英语。

广东人那时候做生意厉害，并不是因为广东人个个是经商天才，而是受当地风气的影响，受沿海地域的利好。发展到今天，广东出了几个真正一流的企业家？

现在的高校开设有不少关于企业经营管理的专业，能说学这些专业的学生走向社会后成为企业家的概率就比其他人高得多吗？虽然现在没有一个权威的部门做这方面的统计，但绝大多数人都能靠经验判断：很多学企业经营管理的，最终成了企业的打工者。

学院里学到的书本知识，是很难真正转变为财富的。我认识一个企业家，他原先是个普通教师，后来创立了一家集团公司。经常挂在他嘴上的一句话是："干中学，学中干。"这实在地道出了学习的真谛。

学校里学的知识一来机械，二来根本不可能覆盖社会的方方面面，走上工作岗位后你会发觉，很多知识以前在学校里根本没学过。要做好工作，只有把社会当作一所大学，虚心地学，认真地做，边干边学。只有很少的人能认真地奉行"干中学，学中干"，这样的人才有可能成为一流的企业家。

十、人才之辩

在中国传统文化中，有很多著名的"人才之辩"，比如，"三个臭皮匠，赛过一个诸葛亮"。

但从现代企业管理的观点来看，集思广益固然不错，但是再好的普通建议，也比不上高明的个人决策，因为只有诸葛亮掌握了最丰富的资源和信息，能够做出最合理的决定。也就是说，在一家公司里，三个普通办事员永远抵不上一个公司的核心人物。核心人物能左右公司的发展，普通办事员只是在下面打打杂而已。

所以，公司要着力培养的是诸葛亮而不是臭皮匠。臭皮匠再多，充其量是人海战术，而人海战术在先进的科技时代和复杂的商海中是起不了多大作用的。西方国家很早以前就有了国家"智囊"，随着社会经济的发展，我们国家也有了国家"智库"。诸葛亮式的人才，就相当于公司的"智囊"，他的"神机妙算"会为公司的发展提供诸多好办法，甚至能在公司生死存亡之际甩出一个"锦囊妙计"，挽狂澜于既倒。

一家公司有了诸葛亮式的智囊，那它的发展壮大多半只是时间的问题。假以时日，不管在哪个地区、哪个领域，这家公司都可能一飞冲天，令世人震惊。现在的很多大公司，比如联想、华为等，它们背后都隐藏着一个幕后"诸葛亮"。当然，这个诸葛亮实际上不是一个人，而是一个团队。

再来看看《龟兔赛跑》的故事。

在小学教育中，《龟兔赛跑》的故事是一个反面教材。它说的是做事不能自持能力出众而骄傲自大，否则只能招致失败。兔子在树下酣睡的时候，慢吞吞的乌龟却悄悄地先到达终点，让跑起来一溜烟的兔子目瞪口呆。

但乌龟终归是乌龟，兔子终归是兔子，两者不可同日而语。就像公司中打扫卫生者和高端科研人员一样，永远判若云泥。打扫卫生者永远摸不清科研图上符号的意义和规律，而科研人员要打扫卫生，只需顺手操起一把拖把。

公司倚重的永远是"兔"而不是"龟"，尽管有些"兔"可能确实有些骄傲。有句话叫"本事大的人脾气也大"。搞科研的人因为和物打交道多了，所以不擅和人打交道。这并非他笨，不懂人情世故，而是他的专业影响了他的性格。对于这样派得上用场的人，从公司发展的角度出发，忍让一下也未尝不可。

杜月笙有一句名言："头等人，有本事，没脾气；二等人，有本事，有脾气；末等人，没本事，脾气大。"这句话现在依然还在广为流传。一个青帮大佬的话，隔了这么长时间还能受人信奉，说明这句话确实道出了一个真理。

几千年前的人性和现在的人性都是一样的，所不同的是科学技术、生产力条件和社会环境。

十一、用人实例

在《西游记》中，唐僧最后到西天取到了真经，那么，他是凭什么成功的呢？有人说，唐僧成功是因为信念，这些人可能网上看段子看多了。唐僧成功的真正原因是凭借他强大的团队，包括火眼金睛、七十二变的孙悟空。

那么，孙悟空为什么跟唐僧去西天取经呢？很多人说孙悟空很忠诚于唐僧。其实孙悟空对唐僧谈不上忠诚，他想的是当山大王，过逍遥自在的生活，你没看他之前树了一面大旗，给自己封了个"齐天大圣"的名号吗？孙悟空跟随唐僧去取经，是被逼无奈，他被戴了一个紧箍咒，只要唐僧念起咒语，孙悟空就算飞到天边也逃不了。

如何给高管、骨干戴上紧箍咒？在我们公司，我一定会给最厉害的经理买一套房子、一辆汽车。然后跟他签一份协议："你要是在我公司干，这些东西你可以白用，但你要是离开的话，几十万元、几百万元你要当场还给我。"这些东西对他来说，本来就是白拿白用的，他会想还吗？他心里肯定想："可还可不还的，还不如不还。"我不止给一个人戴紧箍咒，还给每个部门的主管都戴一个紧箍咒，而且鼓励能力比较强的、经验比较丰富的人入股，让其变成股东。

我们公司的办公室简单朴素，这种表象可能使外人怀疑我们公司的经济实力。其实，我们公司的盈利能力绝对不一般，只是我们把赚到的大部分钱用来给员工买房买车了，而不是用来装饰一间豪华的办公室。

试想，员工拿到老总的车和房子后，他还能不满意吗？他努力工作为了什么？不就是为了这些吗？如果公司把他娶老婆的问题也解决了，那岂不是尽善尽美，服务到位？他人生的几大追求都解决了，能不心满意足吗？只怕他会再三咏叹："人生至此，夫复何求！"

在讲招人用人这门课程时，我会把门关了，不要我手下的员工听，我怕他们听了会"以其人之道还治其人之身"，给我戴上紧箍咒。仔细一想也没什么关系，这种事是相互的，如果他有本事，也可以给我戴紧箍咒。但是，给别人戴紧箍咒是需要条件和实力的，要拿出真金白银来。

不管我对员工采取什么管理措施，我的初心是好的，最终让他们有房有车。上次有个员工的孩子没人管，我问他："要不要帮你找个保姆？"这样他好把心思放在工作上。虽然有时我会骂员工，但我会替他们着想。

公司有一个女员工的男朋友在找工作，我知道后就对她说："要不要先让你的男朋友来我这里工作？这样就不拖你工作的后腿了。"这才是真正地关心员工。通过一些手段刻意去笼络员工往往是徒劳的，只有老总真心对他好，他才能从心底接受。

就像唐僧从没害过孙悟空、猪八戒和沙和尚，更没有把他们送给蜘蛛精吃了一样，我对我的员工也是这样，我对他们承诺："我要帮你实现有车有房的生活。"这个社会很现实，没房没车很难找到老婆，所以我必须让公司的男员工两到三年内有房子。这样，他找女朋友的时候，才更具现实条件。

唐僧为什么想到西天取经？他想把经取到东方后普度众生。但孙悟空不愿意，他觉得唐僧辛辛苦苦走上几千里，他一个筋斗云就到了。唐僧的徒弟当中，最不服老板的就是孙悟空。那么猪八戒、沙和尚又为什么要跟着去？因为孙悟空手上有金箍棒。唐僧只需要管好孙悟空一个人就行了，猪八戒、沙和尚要是跑了的话，孙悟空会把他们抓回来。

一个企业管理者，不需要自己能力超强，只需要有用人的能力就行了。人不在多而在于精。所以，阿里巴巴创业时有"十八罗汉"，腾讯有"五虎上将"。很多人看完《西游记》后哈哈一笑就算了，而没有悟到其中的道理。

十二、管理者之戒

商朝刚刚建立起来时国力强盛、人才辈出，到后来国力渐渐衰弱，以致政权倾覆。为什么会发生这种变化？很多人说是因为出了一个妲己。妲己真有能力把商朝搞垮吗？

作为皇帝，商纣王身边的美女一大堆。如果没有妲己，出来其他美女，商朝也会灭亡，这跟商纣王本身有很大的关系。他在皇帝位置坐久了，忘记了当初是怎么坐到皇帝位置上的，也没有什么追求了，声乐犬马，纵情享乐。人到了一定的层次，往往会忘记初心。

公司老总也一样，当你开着奔驰宝马，每天出去吃香喝辣的时候，旁边的员工在吃什么？如果以前没想过，那现在就一定要思考一下，底下的员工会怎么看你。他们心里会想："我们辛辛苦苦为公司赚的钱，结果都被你挥霍了。"

有的老总忽悠员工"公司最近效益不好，也没赚到什么钱"，自己却开着豪车到处去吃喝玩乐。员工并不是傻子，他们会想："老总你说不赚钱，怎么你开的车越来越好、吃得越来越好、穿得越来越好了？"

如此一来，员工会认为老总很自私，会渐渐失望："跟着这样的老总有什么用啊。"

员工跟着老总，一般有两种心理。跟老总很久的员工，如果老总很有钱，员工没钱，他心里会不平衡；如果刚刚跟着老总，他看老总是个穷人，会担心自己没有发展前途。善于捕捉、把握员工的心理，才能更好地激发他们的积极性。

有些老总为了显示自己有爱心，动不动就捐献一大笔钱。这些老总在做慈善的时候，恐怕从来没想过自己的手下有没有吃饱肚子。以前曾有人问我："李老师，你做了多少慈善？"我对此一笑了之。不是我没有善心，而是我认为，我目前的善心应该是把自己的员工照顾好。一个老总的善心，应该先照顾好跟随自己的人，如果跟随自己的人都没有吃饱穿暖，那他就应该感到羞愧。

在讲堂上，我跟每个老总讲："你最大的慈善是让跟着你的兄弟有车有房，不要急于去搞什么慈善，那都是表面的。得罪的是员工，还有你的客户。"员工看到你有那么多钱去做慈善，自己却每个月拿着一份可怜的薪水，不知何年何月才能圆住房梦，就会对你心生怨恨。客户一看你有那么多钱去做慈善，会想："你给我提供的东西是不是质量不行或者利润太高？"这样一来，老总众叛亲离，不断地让旁边的人感觉到"这个人人品有问题"。有谁愿意跟人品有问题的人共事？

现在有很多培训机构、教育机构特别喜欢炫富。这些机构没做好榜样。炫耀能理解，关键要看炫耀给谁看，是给竞争对手看，还是给顾客看？要先把这些问题想明白。老总们一定要记住，千万不要炫富。

老总一定不能好色，这是经营公司的大忌。美女看中的多半不是男人本人，而是男人口袋里的钱。现在的女人都很现实，她们挑起金龟婿来，出手"稳、准、狠"，一抓一个准。谁不想找一个"钻石王老五"，这样她就能少奋斗几十年。

男人喜欢美女很正常，但千万记住一句话："兔子不吃窝边草。"如果非要吃窝边草，那国家或者团队就会出问题，因为这个女人知道，你赶走我没这么容易。这个时候，男人仿佛就真的被戴了一个紧箍咒。

因为每个人奋斗到一定程度，就会不满足于现状，就想攫取更多的权力和利益。老总由于和女方有了这一层关系，往往就会受制于人，动弹不得，结果只有乖乖就范，很可能把多年辛苦创办的企业拱手相送。

老总一定要有自控力，不要有钱了，就整天只想着花天酒地。每个朝代，到最后灭亡的时候都是因为有后宫干政，一部《上下五千年》，细数唐宋元明清，几乎无一例外。这一点，公司老总要引以为戒。

商朝建国初期，纣王的团队也是人才辈出，可是自从妲己出现后，忠良被赶尽杀绝。纵观中国历史，凡是一个朝代快要灭亡之时，都是奸臣频出、忠臣绝迹的时候。明朝快要灭亡时，出了个吴三桂，将清兵引入关中，改变了历史的进程。可气的是，这个吴三桂还是个情种，带领清兵入侵中原的原因居然是为了一个陈圆圆，即"冲冠一怒为红颜"。有时历史的发展真的说不清，可能一个很奇葩的原因，就能改变它的轨迹。

　　与这种历史规律相似的是，凡是即将倒闭的公司，忠于公司的人才都在不断地减少，而背叛公司的人却一直在增加。这时，大部分公司里面就开始乱起来了，乱得最快的就是老总旁边的人甚至亲信。

　　这堆人开始想方设法研究老总，在他眼前挖坑，因为他们知道，他们有掌控老总的资本。公司的天下是他们帮老总打下的，平日里可能受了不少气，正好趁这个时候兴风作浪，整治一下平日里高高在上的老总。员工眼见此景，就会选择性地站队，两边就不由得开始斗了，斗着斗着就把公司斗死了。公司死掉，几乎都是内斗造成的。

　　很多老总喜欢员工拍马屁，结果，拍着拍着公司就死了。众所周知，拍马屁这种歪风邪气不利于公司发展，因此，要鼓励员工说真话。

　　我只要遇到说我这个老总不行的，就会很谦虚地坐下来聆听，因为他免费给我上了一堂课。我会让他把所有的抱怨都讲出来，哪怕讲上一两个小时，我也有耐心听。讲完后，我还会虚心地请教他："接下来我该怎么做？"让他把我的每一个问题都写三个解决的办法。可惜的是，很多老总都做不到这一点，一听到员工指出自己的缺点时，马上就打断了。有的还当场恼羞成怒，有的私下里怀恨在心。

　　老总在公司要提倡员工说真话，提倡的同时，老总自己也要学会听真话。老总是怎么变成孤家寡人的？就是把提意见的人全部开掉，只剩下一帮溜须拍马的人。如果老总不听真话、不听实话的话，到最后一定是死路一条。对于员工的指责，作为老总的我会把耳朵放长点，听了后知道下一次怎么改正。一个人要是老说好话，我会离他远点。为什么？

第一，他能力不如我；第二，他有拍马屁的习惯。一定要离这种人远一点，否则没好处。

一些老总要树立威信，结果反而使员工不愿意跟他坐到一起说话，无形之中，老总和员工的距离就拉开了。很多公司提倡"家文化"，可这像一家人吗？家庭，就是要放开了，成员之间多说话、多交流。老总树立威信，不等于和员工要拉开距离。这里面有一个很难拿捏的度。

有些老总有点偏狭，以为我是老总，就要什么地方都强于员工。谈判沟通能力强于员工，为人处世水平强于员工，把控场面的能力强于员工，甚至与工作无关的唱歌跳舞能力，也要强于员工。这不仅无聊，而且会心累。如此争胜好强，对老总来说并无裨益。其实，作为老总，不必处处强于员工，有些方面不如员工也无伤大雅。这反而是一种豁达的态度。

第八章

留 人

精彩提示：让一个人待在公司叫留人吗？心不在了，工作还能干好吗？徐庶进了曹营不设一计，留着这样的人才有什么用？其实只要方法得当，公司里哪个大爷走了都不怕，因为它不影响公司的发展。

一、留人先留心

把员工招进公司后就一劳永逸了吗？肯定不是。一些员工随时都可能走人，所以留人的问题必须重视。留人是为了员工队伍的稳定，否则半道掉了颗螺丝，会影响公司的运转。

"员工流失""人才流失"是现在企业界经常听到的词语，它背后对应的，是留不住人的现象。有时这种留不住人的现象不仅在企业之间发生，还在区域之间发生，比如人才从经济相对落后的西部地区流失到经济相对发达的东部地区。与"人才流失"对应的是"人才流进"。

从宏观层面来看，不管人才流失还是人才流进，都属正常的人才流动。从个人角度来看，他流出一家公司，多半又流进另一家公司，走的是一条"水往低处流，人往高处走"的路。稍感失落的，是那家"流失"的公司。

在中华人民共和国成立前，也有很多地区性人员流失的情况。"哥哥你走西口，小妹妹我实在难留，手拉着哥哥的手，送哥送到大门口。哥哥你出村口，小妹妹我有句话儿留，走路走那大路的口，人马多来解忧愁。紧紧地拉着哥哥的手，汪汪的泪水肚里流，只恨妹妹我不能跟你一起走，只盼哥哥你早回家门口。"这首《走西口》，听来是情歌，实则是悲歌，反映的是当时的人员流失现象。

关内土地贫瘠，又没有什么产业，哪怕下苦力也养不活人。在这种情况下，男人只得走西口，出关外，讨生活。至于出去后过得怎么样，谁也不清楚，但总比待在连饭也吃不饱的穷地方好。作为女性，按照中国的传统是不适宜出去闯荡的。于是，一对痴男怨女只好在村口忍痛分手，至于这一去是分是合，是永别还是暂离，在战火纷飞的年代是个未知数。现代人听这首歌，不要纯粹当情歌听，要理解当时的社会背景。

现在的人员流失情况也不少。讲两种比较普遍的现象。

一是人人向往北上广。因为北上广是一线大城市，大家总以为那里机会多、舞台大，能实现自己的梦想。多少人抱着这样的梦想踏入北上广，到了却心碎一地，发现情况远没有他们想象的好。北上广这几座大城市资源有限，人越多必然竞争越激烈，对资源的争夺越残酷。

其中北京尤为全国人民所向往，全国政治、文化中心，怎么着也比自己老家那个破地方强很多。孰料，最后是一拨拨的"北漂"住在地下室，过着艰难的生活。很多日后混出名堂的明星，都有过刻骨铭心的"北漂"经历。造成人们远离故土的原因，是地区间的经济发展不平衡。

还有一个是农民工出外打工，这一点我们贵州就多了。因为东部地区经济发达，在那儿打工能挣到更多的钱，农村中的劳动力就像东南飞的孔雀一样，抛家弃子，留下一群群留守儿童，产生了一堆堆的社会问题。好在我们国家为了改变这种状况，大力采取多种措施，一是发展西部地区的经济。如果在老家打工的收入和在沿海地区差不多，那谁不愿意在家门口工作啊，既赚到了钱，还能照顾家人。二是针对留守儿童问题，国家采取了多种措施，比如设立专门的部门，拨出专门的经费，让这些同为祖国花朵的儿童更好地成长。

对企业来说，也有一个留人的问题。

企业、行业之间客观存在着收入的差别，员工从收入低的企业流向收入高的企业，实属正常。

一个员工选择企业看什么？首要的是收入，这是毫无疑问的，因为要解决一个基本生存的问题，有家室的还要养家糊口。

很早以前，员工之间就流传着这么一个讨论："如果让你在一家大企业当一般员工，月收入是6000元，让你在一家小企业当部门经理，月收入是3000元，你会怎么选择？"大家都毫不犹豫地选择前者。

芝麻大一个官算什么，实惠才更重要。有了钱，才能悄悄地躲在背后享受，否则"某经理某经理"地听着风光，经济上却入不敷出，岂不悲哉。"谁都不会跟钱有仇""生哪个的气，也不会生钱的气"，为了多拿点薪水，哪怕工作环境差点，哪怕碰到一个不好的上司，员工也会一忍再忍。

如果两家单位收入水平差不多，员工会看重什么？此时，人际关系是否和谐，工作开不开心等非物质因素的地位就突然上升了。人在世上无非有两样需求，物质需求和精神需求。当物质需求解决以后，他就考虑精神需求了。

　　西方著名心理学家马斯洛有一个著名的"需求层次论"。他把人的需求分为生理需求、安全需求、爱和归属感、尊重和自我实现五类，依次由较低层到较高层次排列。假如一个人同时缺乏食物、安全、爱和尊重，通常对食物的需求是最强烈的，其他需求则显得不那么重要。此时，人的意识几乎全被饥饿所占据，所有能量都被用来获取食物。在这种极端情况下，人生的全部意义就是吃，其他什么都不重要。只有当人从生理需求的控制下解放出来，才可能出现更高级的、社会化程度更高的安全需求。

　　动物一生都在干什么？归纳起来就一个字：吃！狮子整天在草原上游来荡去，就是为了捕获猎物填饱肚皮。

　　中国有句古话："饱暖思淫欲。"只有吃饱了，才会考虑男女情爱的事情。中国还有句古话："仓廪实而知礼节。"吃不饱肚子，谁也不会对礼仪感兴趣。古代帝王虽然想通过封建礼教统治百姓的思想，但他也知道，起码要让老百姓吃饱，否则老百姓还不跳起来造反？

　　留人的本质是留心。心是无形的，但不代表留住人的只能是无形的精神，必须结合人的需求来综合考虑物质和精神两方面。

　　留人最成功的例子当属刘备留住了关羽的心。关羽的温饱肯定是不成问题的，刘备给的是超越物质条件的精神感召。曹操看中关羽的武艺和人品，决定留住他，为此不惜付出巨大代价，又是封官，又是赏赐。只要关羽愿意留下来，什么样的荣华富贵都可以让他享受。如此礼遇，不可谓不重。

即便看出关羽"身在曹营心在汉",曹操还是不死心,一而再、再而三地想尽各种办法挽留。曹操伤心欲绝地看着关羽还是要走,一路上又设重重关卡拦截关羽,以致关羽过五关、斩六将,让曹操平白无故损失了几员大将。关羽的本事再大,也敌不过曹操的几十万士兵、上百员大将,只是因为曹操没有真想去拦截他。在关羽杀了自己手下的大将后,曹操也没治关羽的罪,最终眼睁睁地看着关羽回到了刘皇叔身边。曹操留关羽可谓代价惨重,却留出了一段千古佳话。

刘备也想留人,他留的是徐庶。徐庶一开始也愿意跟着刘备干,因为刘备是皇室宗亲,血统纯正,跟着刘皇叔干名正言顺。在徐庶为刘备出了几个妙计并取得成功之后,曹操眼红了,想把徐庶收罗到帐下。有什么方法呢?

苦思冥想之后,曹操想出了一个下三烂的手段。他把徐庶的老母亲抓到曹营,因为他听说徐庶是个大孝子。这一招果然管用。徐庶闻知母亲被关在曹营,不由得伤心欲绝,只得泣告刘皇叔,恳请他让自己赴曹

◎ 留的不是人而是心

营会老母亲。徐庶虽然拍着胸脯说："我徐庶到曹营后从此不设一计。"表明他已心如死灰，但还是不得不离开刘备。徐庶去刘投曹，是他在国家大义和家庭亲情中选择了后者，但曹操并不算真正留住了徐庶。

二、留人的五大核心方法

留人是有方法的。在现代企业中，留人有五大核心方法。

留方法

优秀的人才，不是人优秀，而是做事的方法优秀。要把优秀的方法留下，让每一个新进来的员工学习、模仿优秀人才的做事方式和方法，然后根据自己的实践改进。

具体的操作是：将老员工的方法编写成《员工实操手册》，每天早会让新来的员工学习；每月考试，将《员工实操手册》添加在考核项目中。

留习惯

一个人的做事习惯，决定了自己人生的结果。结果好的人，都是有着良好习惯的人；结果不好的人，都是有着不好习惯的人。要想改变人生结果，就要改变做人做事的习惯；要想改变团队的成果，就要改变团队的做人做事习惯。

习惯有多重要？

现在的小升初、中考竞争非常激烈，有办法的家长都拼命地想办法把孩子送进重点初中、重点高中。这些进重点初中和重点高中的孩子就真的在智力方面更胜一筹吗？答案是否定的。

老天对每一个人都是公平的。每一个人只要能来到这个世界上，他就是赢家。为什么这么说？你想，有两亿多个精子要和卵子结合，你就来自这两亿多个精子中的最强壮者，在来到这个世界之前，就已战胜了两亿多个对手。一般人的智力水平并没多大差别。

贵阳 Q 中最近一年出了一个贵阳市的中考状元，这在当地是比较难的，因为中考状元历来都是被其他几所重点学校包揽的，那么，这个同学是怎么取得这个突破的呢？

贵阳 Q 中资深老师的一番话，或许可以为我们解开这个谜底。其实归纳起来就是两个字：习惯。培养孩子良好的学习习惯，辅以科学的学习方法。

只要由"要我学"变成"我要学"，孩子的成绩就会上去。这句话固然没错，但它是以孩子有学习的自觉性为前提的。现实状况呢？没几个孩子是有自觉性的。

初中阶段，孩子十四五岁，这个年龄阶段的孩子天性好玩，玩性还重，怎么可能有那么大的自觉性。不要说孩子们了，成人中又有几个是有自觉性的。很多人完成一项工作，往往拖到最后一刻，实在没办法了，才匆匆去做。人性都是向懒的，拖延症背后对应的就是懒。

为了培养孩子们良好的学习习惯，你知道老师们是怎么做的吗？一个字：守！班主任老师很辛苦，周一到周五，每天一大早就从家里赶到学校，中午和孩子们一起吃饭，守着他们学习，晚上又要守到最后一个孩子离开才走。守的目的是什么？就是为了培养这些不懂事同时又具有巨大可塑性的孩子养成良好的学习习惯。这样的守不是一天两天的事，而是贯穿在初中漫长的三年中。如此，才有可能培养出尖子生。

所有的重点学校拼的就是一个"守"字，谁更能守得住，谁就可能胜出。高手比拼，"差以毫厘，失之千里"。

性格决定命运，习惯形成性格。可能大家都知道，只要有意去做，一个动作持续二十天，就会渐渐形成一种习惯。聪明人会运用这个心理学知识，有意识地去培养一些好习惯。

一个人成就的大小，取决于自己的思维和行为；一个人的思维和行为，取决于自己的习惯。一个人习惯的好坏，取决于自己的家庭环境、教育环境、周围圈子、社会环境等。人最难改变的就是习惯，习惯往往会影响人的命运。

具体的操作方法是：推行师道文化，让优秀的员工必须收徒弟，并让其"帮、扶、带"，在"帮、扶、带"的过程中不知不觉地把好习惯传授给徒弟。规定每一个员工每周至少看一本和自己工作相关的书籍，每周分享一次，纳入考核。公司员工在 10 人以上的，分组分享。根据公司的实际情况，每月或者每季度搞一次活动，在娱乐中体验、在体验中 PK。

对于操作方法中的"规定每一个员工每周至少看一本和自己工作相关的书籍"这一条，有必要再多说几句。

为什么要让员工多看书呢？看书很重要。书是作者把他最精彩的人生体验和最深刻的人生思考归纳总结出来，然后呈现给读者的作品。与工作相关的书，则是作者把与这项工作相关的经验和科学方法告知读者，可以让读者在较短的时间内了解行业情况，掌握相关方法。

不管看哪种类型的书，你都在与智者对话。人生很多事情不是都需要你去亲身经历后总结经验教训的，别人都已经替你失败过了。聪明的人，只需在书中学习他们的经验教训。

书籍对于读者来说，是一种间接经验。虽说间接经验离直接经验还有一段距离，但人生时间有限，不可能什么都去体验，所以别人的间接经验也是十分宝贵的。很多人抽烟喝酒、下馆子吃饭舍得花钱，甚至一掷千金，买书时面对几十元的价格却犹豫不决，舍不得掏钱。那是他不明白，读书是与智者对话，多读一本书就多与一位智者对话。花区区几十元，就能把一位智者的毕生经验买回家。这是世界上最划得来的事情。

留流程

能做好事情的人，是因为这个人有一套做好这件事情的流程。只要掌握好做事的流程，那人人都能把事做好。

具体的操作方法是：哪位员工做成功了某一件事情，他就必须起草出做这件事情的流程；下次再去做这件事情的时候，必须带一到两位同事参观学习，随同去参观学习回来的这一两位同事必须修改和完善前期的流程；每月至少考核一次工作流程内容。

留机制

想留什么人才，就建立有利于此类人才发展的机制。机制没有对错，利于现阶段或者未来企业发展需要的机制就是对的。机制是死的，人是活的，要根据企业的需要不断地变、不断地换。水无常形，水无常势，而又能无往而不胜，企业的发展要和水一样。

具体的操作方法是：建立晋升机制，要让积极向上的人，有事业心、有追求的人有发展空间；建立期权、股权分配机制，要有为德才兼备者生根发芽的机制；建立培养人才的机制，要有能激发一般平庸人才潜能的机制，让平庸者渐趋卓越；建立淘汰机制，淘汰掉不思进取、死不悔改者。

留灵魂

灵魂是主宰人的思想、行为、精神、感情等潜意识的一种非物质因素。每一个人都有他独特的灵魂，并能伴随着其成长发生变化。

具体的操作方法是：让每一位优秀管理者在位的时候，写出自己的人生格言、警句，并贴在墙上；让每一位优秀的员工在职的时候，写出自己的成长经历和工作日志，并印刷出来，供其他人阅读；让每一位新加入团队的员工朗读并学习这些内容，将学习成果纳入考核。

有了科学的留人方法，虽其身已去，然其神仍在，不影响企业的正常运营和后期发展。这才是真正高明的留人之法。有了这样的留人方法，根本不怕某一个员工的离去，他走了，地球照样转，公司照样运营。制定机制，减少人为因素的影响和干扰，正是现代企业管理的精髓所在。

邓小平去世之时，很多企业家都担心中国的改革开放政策会变，但这位伟人生前留下了一句响当当的话："一百年不会变。"事实证明，由于制度设计得好，这句话并没有成为空话。在改革的进程中，国家这个"大企业"也渐渐摸索出了制定制度和机制的重要性。

企业和上阵杀敌的军队是一样的，只要上阵杀敌，总有人会倒下。倒下是必然，不倒下是偶然，只是我们不知道下一秒倒下的是谁。所以，最后留在企业的人必然是最坚韧的人、最有希望的人，最后会成为这家企业的"十大元帅""五虎上将"；而离去的，都是倒下的人。

对于员工来说，在一家企业是去是留，一定要想明白。如果看到这家企业有希望和前途，哪怕陷入暂时的困难，也要咬牙坚持下来。

据说马云当初开公司时留下来的人，现在都身家不菲。而离开的人，不用说大家都知道，肯定悔青了肠子。

第九章

育　人

精彩提示：《管子·权修》曰："一年之计，莫如树谷；十年之计，莫如树木；终身之计，莫如树人。"孟子把这句话提炼了一下，云："十年树木，百年树人。"由此可见育人的重要性。

一、育人九大招

一般人的思维是，育人是学校的事情，进入社会后，就不存在育人这一说了。这是一种误解。

让我们分而述之。

育人的关键在于培训

企业最大的失误就是让没有训练好的员工去工作。

不经过培训的员工，是很难把工作做好的。这恰如战士手握钢枪，却不懂使用的方法。很多工作岗位都有特定的技能、技术要求，刚刚走上这个工作岗位的员工，需要学习这些技术、技能。

如果一家五星级的酒店招服务员，上岗之前不给他们做培训，那他们的工作方式很可能存在种种过错。在过道上见了客人不会微微点头说"你好"，上电梯时不会让客人先上，也不会用手势为客人引导"请上这边"。结果，给客人留下很不好的印象。没有经过培训的员工上岗，有可能会把工作干砸，并给公司造成损失。

◎ 再厉害的个人，也干不过一个团队

业务为王，现在很多企业面临的最大问题就是销售问题。干销售尤需技能技巧，怎么和客户说话、如何打动客户的心、如何维护和客户之间的关系，都是一门学问。一个未经培训的愣头青来搞销售，可能会做得毫无章法。

"培训上岗"是职场常见的做法。从词序上就可以看出，先培训、后上岗。一个战士上战场前你要给他培训好使用枪支的技能技巧，他才能杀敌立功；同理，一个员工你要给他培训相关技能，他才能胜任工作。培训的重要性由此可见一斑。

培养骨干

企业员工不停地流失，最大的原因是没有培养出企业的骨干。

骨干的作用非同小可，他承上启下。对上，他面无惧色地从老总或高管那里接下艰难的任务；对下，他带领团队冲锋陷阵。在战场上，他又处处身先士卒。在他的带领下，团队什么硬骨头都能啃，什么拦路虎都能驱赶，什么碉堡都能炸平。

骨干，单从字面意思上就能知道其作用和分量。骨，人体的肌肉如果没有骨的支撑，那可能就是一摊塌陷的肉；人体的内脏如果没有骨的保护，可能别人一拳打来就能造成致命伤。干，树分为根、茎（干）、枝、叶、花，没有干的支撑，百米大树何以屹立在沃土中？花枝叶又何处安放它们细小的身体？

公司在挑选骨干时，需要甄别那些学历高而只会空谈的人。在我们培训的公司当中，有一个老总从军队里挖来一位政委当他的高管。这个人很厉害，以前是团级干部，无论写作能力还是语言能力都很强。但这位高管有个臭毛病，公司推行一项政策时，他只会评头论足、指手画脚，却从不会切切实实地想出解决问题的办法来。

时间一久，老总心想："我让你来，是让你只评论公司的好坏吗？我要的不是评论家。"进行培训时，我找到这位高管说："公司高薪把你挖来，你不要光站在那儿指手画脚，你要明白来这里工作的真正意义和目的。"可是这个高管已"病入膏肓"，这番话收效甚微。

后来老总对我说："这个高管来了以后，拿了六个月的高薪，可他除了拿人民币外，就只会评头论足。他什么东西都精通，但就是不做事。平时坐在办公室里喝茶吹牛，员工都喜欢听他说，因为觉得他讲得有道理。"这个高管始终没弄明白一个道理，经营企业不能光靠磨嘴皮子。当然，这可能是他的性格使然，或者是过去的经历造就的。

所以，一个人读的是专科、本科还是硕士、博士并不重要，重要的是学到的知识能为企业创造价值。企业要的绝不仅仅是一纸文凭，企业的骨干不是能说会道就行。

无独有偶，我们还曾经打造过一个公司团队，这个公司的三把手平日里能说会道，站在台上说话水平很高，一看就是文科生。老总悄悄对我说："我们公司交几万块钱请你，主要目的就是'驯化'他。如果实在'驯化'不了，就把他开了。"据了解，老总最初把他招进去，是想提高公司的管理水平，但他去了之后，除了对公司评头论足外，并不解决实际问题。

所以，一家公司不要净招能说会道的，招骨干，要招那些能拿出结果的。遗憾的是，很多企业管理者忘了这一点。

鼓励全员写出梦想

没有梦想的人才不可能做出非凡的事业！

要鼓励全体员工写出梦想，并为了实现自己的梦想而努力。有些人觉得"梦想"一词有点虚幻，建议改成"理想"。其实，梦想、梦想，做梦也想，才更有希望干成。

这一点在很多企业实行得都比较少。在比较正统的企业比如国有企业，需要一个安静、规范的环境，就不会提倡员工写出个人的梦想。领导觉得这样不仅闹腾，而且员工将来做好了有可能抢去他的位置，所以只需按部就班地做就行了。

而在一些民营企业，特别是需要大力开拓市场的企业，则很需要落实这个措施。销售是最难的一个岗位，为什么？市场经济本质就在"市场"两字，以前计划经济时期，供不应求，是生产什么卖什么，不愁卖不出去。那时的东西少，很多还凭票供应，要买个紧俏货还得托人找关系才行。但是，这样的时代早已一去不复返了。现在是市场经济时代，各行各业都供大于求，最难的就是把产品销售出去。

钢铁行业在当年绝对是一个受人崇拜的行业。那时国家大量缺少钢铁，生产技术水平又低，国家需求和生产能力之间形成了巨大的供需矛盾。国际上的战争阴云又笼罩在我们上空，国家需要大量钢铁以"备战备荒"。

如今，钢铁行业随着宝钢、鞍钢等一大批企业的上马，产量早就达到了饱和状态。现在的钢铁企业，基本上都在痛苦的市场竞争中不能自拔，全行业产量饱和，导致卖一吨钢的利润和卖一斤蔬菜的利润相差无几。我有一个朋友在上海一家钢铁企业工作，前几年企业效益好时挺风光，现在有时连工资都发不出来，整天郁郁寡欢。

这就是市场！

在我们公司，有些员工业绩不够理想，是因为他的梦想不够大。一个员工想要年薪过百万元，这必须是他自己的想法，而不是别人强加给他的想法，他才会每天拼命地去干，让梦想变成现实。所有员工的梦想实现了，老总的梦想也就实现了。

老总在台上喊："明年要有两个亿的业绩，后年公司要上市。"如果这不是员工的梦想，那他们会在台下想："这关我什么事。"然后坐在台下开小差，对老总的长篇大论漫不经心。

我在公司从来不讲公司的梦想，而是让员工去讲他们的梦想。我明白，我提梦想毫无意义，我说明年要开 100 家公司，底下这些员工没这个想法的话，我岂不是要把自己活生生地累死。要是员工说他有梦想，我趁机对他说："哪些地方需要我帮助你？"那就变成了我帮他，而不是他帮我，他感觉就舒服多了。在我们公司，我的梦想就是，帮助更多的人过上幸福的生活。

开拓市场，还真需要员工有梦想！没有梦想的人才不可能做出非凡的事业。

树立一个或数个英雄及榜样

说到榜样，不得不提中国女排。她们凭借"五连冠"的骄人成绩，在 20 世纪 80 年代为国人矗立了女排精神的丰碑。何为女排精神？就是拼搏精神。"人生难得几回搏！"在那个年代，人人觉得只要像女排队员一样在各自的岗位上拼搏，"四化"就能早日实现，人人都因此充满了干劲。

"有这样一群姑娘，她们放弃平静生活而选择激烈赛场，她们无数次跌倒却每次都会重新站起，她们身负伤痛也会拼命击球。她们训练时认真刻苦，精益求精；她们战斗时英勇无畏，果断决绝；她们获奖时谦虚淡定，笑靥如花。她们是中国女排，中国体育史上一颗闪亮的明星。"有人以如此一段文字来描述中国女排和女排精神。

记得我当初打工的时候，老婆正在医院剖腹产生小孩，我还继续坚守在工作岗位上，直至工作做完才赶赴医院看望老婆和孩子。

无独有偶，我的创业伙伴，当初老婆生孩子的时候，也坚守在招聘会现场，直到招聘会结束才匆匆赶去医院。为了办好每一场招聘会、培训会，不知道有多少个日夜加班加点，这背后还有所有伙伴们家人的默默支持和无私奉献。虽然这些和革命年代的抛头颅、洒热血比起来微不足道，但是一家企业要想发展壮大，永远都离不开这些默默无闻、为了工作不惜舍弃照顾家人的时间及放弃和家人团聚的机会的奉献者。他们，是为大家舍小家的榜样；他们的精神，将鼓舞一批又一批新进的员工。

企业的经营者和管理者们，不但要监管和指导自己的员工，而且要学会放大这些为团队付出的员工精神，让它变成所有员工学习的榜样，直至形成企业精神。让这种精神代代相传永远延续，这，也是对付出者的一种肯定。

是什么力量支撑着他们不断探索？是什么力量支撑着他们不断前进？是坚强，是毅力，是不变的信仰和坚定的信念。这种迎难而上的坚强，叫作敢于攀登。人什么时候最迷茫？我认为就是当前方一片黑暗的时候。人什么时候会左右摇摆？我认为是信念开始动摇的时候。榜样就是所有人眼中的灯塔，榜样就是所有人眼中的光芒。

信仰的力量可以跨越界域，女排精神一开始就超出体育竞技范围，对各行各业的劳动者起到了激励、感召和促进作用。1981 年 12 月，香港《文汇报》全体职工在贺电中说，中国女排替祖国拿下了第一个大球项目的冠军，"这是你们的骄傲，也是我们的骄傲，是中国人民的骄傲，是所有炎黄子孙的骄傲！"《中国日报》开辟了《学女排，见行动》的专栏。

谁说女子不如男。中国有女排精神，众国人才市场也有女伙伴们的精神。2017 年 7 月以来，在一位女经理的带领下，每场校园招聘会都组织得井井有条。每一场招聘会前后，她都带领员工无怨无悔地加班加点。其实远不止这些，到现在我还不能叫出名字的新伙伴，也常常夜以继日地拼搏在各自的岗位上。

这些只是开始。才来公司参加工作还不到一个月的张丽霞，也坚定不移地入股众国人才昆明市场，成为昆明市场的第二大股东。女排能够克服多重困难获得节节胜利，铸就伟大的女排精神，众国人才的女伙伴们同样能在招聘、培训界做出表率。

有些人的青春，是在花前月下度过的，而我们的青春却在竞争激烈的旋律中度过。这不只是中国女排的球员这么认为，众国人才的小姑娘也这么认为。

中国女排前队长孙晋芳说得好："如果整天沉浸在绵绵的情意之中，就会丧失自己的理想，使精神空虚，甚至葬送自己的一生。"人都是有血有肉有感情的，这些姑娘不需要幸福和爱情吗？当然不是。只是在青春年少时，她们选择了事业，为梦想而拼搏努力。

学习榜样，就是要学习他们迎难而上的坚强和坚韧，学习他们面对困难时大无畏的精神。我们众国人才市场一直在工作中学习榜样，不畏艰难、奋力拼搏。

在每一场招聘会中，在每一场培训会中，众国人才市场的女伙伴们做团队展示的时候，都能步伐一致、声音洪亮，让人有一种身临阅兵式现场的感觉。招聘会收帐篷、搬桌椅时，她们的实力和男伙伴们不分上下。眼前只要有活，冲上去就干。

每天早上，她们用洪亮的声音向所有的伙伴承诺自己要服务的客户数量，她们的行动没有停留在口号中，她们都清楚"一诺千金"的含义。一天要面对无数次的拒绝和批评，一天要听到无数次的指责和抱怨，打击没有让他们退却，打击没有让他们放弃。在这样一次次的打击下，她们以创新和耐心，不断提高服务质量。不气馁、不妥协，反而越挫越勇、越挫越坚强。

郎平曾在文章中写道："在我的字典里，女排精神包含着很多层意思。其中特别重要的一点，就是团队精神。女排当年是从低谷向上攀登，没有什么值得借鉴的经验，但是在困难的时候，大家总能够团结在一起，心往一块想，劲往一处使。"她还说："女排精神不是赢得冠军，而是有时候知道不会赢，也竭尽全力。使你一路虽走得摇摇晃晃，但站起来抖抖身上的尘土，依旧眼神坚定。"是的，排球竞技如此，商业竞技也当如此。

众国人才市场的女伙伴们深知要成功举办一场招聘会、培训会，离不开每一位的付出和奉献。在打印招聘简章时，哪怕一张海报上只错了一个字，客户说"没事没事，下次注意就是了"，她们都不能原谅自己。她们深知，原谅是一种放松自我的表现，惩罚自己、严于律己才是一种追求。她们不是不犯错误，而是犯了错误后知道自我惩罚和及时更正。

在给客户打造团队时，很多时候都训练到很晚。客户团队都已经休息了，但为了第二天能更好地服务客户，她们还要继续开会讨论、总结、改进。对她们来说，工作至深夜已是家常便饭。清早客户们还在酣睡的时候，她们已经在吃早饭、布置会场了。这些 80 后、90 后的小姑娘，很多都是独生子女，从小都是在"蜜罐子"里长大的，从小到大也没有吃过这样的苦，是什么让她们如此严格地要求自己？是对理想的执着追求，从而义无反顾，勇往直前！

我们众国人才市场的员工有了这样的榜样，就竭力去学，慢慢地，老员工成了新员工的榜样。这些榜样像一团火，用自己的热情燃烧着周围的人。他们学到了众国人才市场企业管理的精髓，可以这么说，今后无论把他们放到哪个位置，都能独当一面。

2008年5月12日14时28分，汶川发生里氏8级大地震，顷刻之间，大地颤抖，山河移位，满目疮痍，生离死别。5月12日晚，中央军委命令空降兵组织一支小分队降临灾区执行侦察、报告灾情的任务。这支空降队伍由15名党员组成，他们写下请愿书："我愿意付出自己的一切，去挽救灾区人民的生命，实现我们军人的价值。""让我奔赴一线，我不怕流血，不怕牺牲。""请求组织批准我到抗震救灾前线去，我会用自己的一切去拯救灾区的父老乡亲。"

在没有地形资料、没有地面引导、没有后援的情况下，15位战士犹如15只雄鹰，从海拔四千米的高空一跃而下，飘向杳无音信的茂县，他们用坚毅的姿态为茂县的受灾群众搭起了一座摧不垮的生命云梯。在战争年代，军人为了保家卫国，可以牺牲一切；在和平年代，国家、民族遇到任何困难，他们也同样能首当其冲、冲锋陷阵，义无反顾地奔赴在救难的第一线。他们是我们这个时代的英雄。

汶川地震大救援，又给我们众国人才市场上了生动的一课，那就是，这个时代需要英雄。很多人乐于过安逸的生活，过朝九晚五的平稳生活，过没有压力的舒适生活，可我们众国人才市场却不。"人无压力轻飘飘"，众国人才市场要做的，是那个能压千斤的秤砣。

众国人才市场在开辟重庆市场时，重庆的加盟商在开业两三个月内不能按照总部的要求成功组建团队，也不能快速打开市场，服务更多的客户。公司的吴学云不顾一切，带领贵阳总部所有骨干奔赴重庆。每天啃着馒头、面包、方便面，晚上睡着地板，带领所有的伙伴发传单，联系客户，组建团队。

重庆是中国的三大火炉之一，就算是本地人，三伏天走在街上也会热得大汗淋漓，何况这群长期在"爽爽的贵阳"生活的人。他们从来不知道走在 40℃的大街上是什么感觉，但他们没有胆怯，也没有退缩。虽然和汶川大地震中救灾的军人无法相提并论，但这种精神值得鼓励和发扬。

虽是和平年代，岂失拼搏之雄心！

在日日夜夜的努力和坚持下，他们组建了十多人的重庆团队，举办了 80 人、100 多人直至 300 人的培训会议。在这一过程中，他们三个月都没有休息过一天。团队组建成功了，培训会议也举办成功了，还没来得及庆祝，就马上撤回贵阳总部投入工作中，他们没有丝毫抱怨。目前，他们又正在做扶持和支援昆明分市场的各种准备。

在众国人才市场，哪里有困难，哪里就有管理者和骨干们。他们随时会说："困难的我上，容易的留给其他人。"他们不表功、不骄傲、不自夸，只是踏踏实实地做好每一项工作。我为有这样的团队而骄傲和自豪。

一个没有英雄的民族是悲哀的民族，一个没有英雄的国家是衰退的国家，一个没有英雄的城市是落后的城市，一个没有英雄的公司是无望的公司。不要埋没任何一位无私奉献的英雄，要让英雄成为公司的骄傲，成为更多人的榜样。公司需要更多的英雄。

我们公司有时候会听到这样的话："某某省或者某某市没有几家企

业能够做好。"说这种话的人可能没有想过，在他管辖的范围内，好不容易有几家崭露头角的苗子，他不仅没想到用心扶持和栽培，反而想方设法埋没。

公司里边好不容易有几个起表率作用的英雄，有的高管没有想着把这些英雄事迹放大，而是担心抢了自己的风头，不是打压他们就是给他们穿小鞋。当他把有英雄气概的员工逼走后，剩下的只是一些酒囊饭袋或是溜须拍马之辈，倒闭就只是早晚的问题了。

在社会上，有个别媒体不去宣传优秀企业的长处，反而为了博得吃瓜群众的眼球，只揪住别人的小辫子。只要哪个企业犯了一点点错误，就穷追猛打，肆无忌惮地放大事态。不去塑造英雄气概，每天就在等着痛打落水狗。

一个没有自己英雄的民族就会崇洋媚外，一个没有自己英雄的城市就会发展无力，一个没有自己团队英雄的公司就会不稳定。

大到国家、民族，小到企业，会创造英雄的地方，处处都是英雄；会树立榜样的团队，处处都是榜样。中国就是一个善于树立榜样的国家，直到现在，我们还不忘学习"雷锋精神""铁人王进喜""焦裕禄精神"……公司要学习和借鉴这种方法，在自己团队内不断地寻找和树立榜样。

很多时候，我给大家传授的知识并不是书本上搬来的理论，而是我在经营众国人才市场时总结的经验，这种经验经受住了时间的考验，被证明是行之有效的。有时，这种经验还是在经历了痛苦的失败后总结出来的，因而弥足珍贵。

我现在写的这本书，或许能对企业招人、选人、识人、用人、留人、育人有所裨益。由于我不是学院派而是实践派，信奉实践出真知的道理，我的教学融入了很多我自己的经验和教训，应该更具实用性。

树立一个领袖人物

团队没有凝聚力，是因为在团队内部没有树立领袖，大家不知道以谁为中心。

什么是领袖？领袖就是具有巨大号召力和影响力的人物。在我们国家，只要一提"伟大领袖"，大家都知道指谁，伊朗也有"精神领袖"霍梅尼，他们都具有举足轻重的作用。

在一家公司，同样需要有自己的领袖，他承担着制定公司发展规划、带领员工将公司发展壮大的艰巨任务。有时候，还需要起到"精神领袖"的作用，在员工士气低落时鼓舞号召，在员工悲观失望时提振信心。公司领袖就仿佛是一所房屋的"顶梁柱"，房屋可能会有"残垣断壁"，但有了"顶梁柱"，房屋的整个框架依然屹立不倒。人们常常提到"主心骨"一词，公司领袖无疑就是公司的"主心骨"。

领袖对一家公司的发展起着至关重要的作用。有了领袖的公司，就会向良好发展的方向大步迈进；没有领袖的公司，就很可能让员工沦为乌合之众，最终作鸟兽散。领袖是公司金字塔的塔尖，他的高度决定了公司的高度。

公司领袖能指引一家公司的发展方向。大手一挥，千军万马齐向前，这是领袖的气势。除了气势，公司领袖还要具备"行军打仗"的指挥才能，让公司涉急流、过险滩，克服一个个困难和碉堡，平稳发展壮大。在一家新员工居多的公司中，尤其需要领袖级的人物。

在市场经济中，涌现了很多具有巨大价值的品牌，它们的估值有的达几百亿元，有的甚至高达上千亿元。这些品牌，是企业"无形的领袖"。据说百事可乐的品牌价值就达几百亿元，有了这块金字招牌所赋予的品牌价值和影响力，哪怕它的工厂被大火烧为灰烬，第二天马上又能建起新的工厂。为什么？因为很多投资商知道百事可乐的品牌价值和商业前景，会主动抱着钱来投资。企业领袖，是这种"活的品牌"。

我在我们众国人才市场，曾有意识地打造领袖企业文化，我们公司所有的员工必须以我为中心。这样的"改革"，使我们公司有了新的气象，员工士气高涨，精神百倍地投入工作中去。而我，为了维持自己在公司的领袖地位，倒逼自己不断地去学习，不断地提高自己的能力和威望，不断地修身正己，以使自己的行为准则尽可能地符合领袖的身份。如果不去以身作则做好一切，空有一个领袖的称号，那下属只能口服而心不服。

领袖和高管之间不能画等号。高管每家公司都有，比如"总经理""总裁"之类的，这只是公司为了经营管理设置的位置。在位置上干得好与坏，因人而异，有些称职，有些徒有其名。领袖虽然是从高管中产生的，但不是每一个高管就必然是领袖，从高管到领袖，还隔着一段很长的距离。高管要想成为领袖，就必须苦苦修炼自己，让自己的思想、行为在公司具有广泛的影响力，在员工中"不怒自威""有个人魅力"。要达到这一目的，高管就要具备很高的业务水平、高超的领导能力，管理不简单粗暴，懂得领导艺术。要想从高管成为领袖，这是一个长期的过程，不是两三天就能做到的。

人类是需要精神信仰的。公司里有了领袖，员工在精神上就有了信仰，工作积极，做事有活力、有章法，不怕困难，信心坚定。这样的公司，就有可能在市场大潮中发展壮大。

放大正能量事件，压下负能量事件

团队内部军心不稳的原因，就是团队的负能量太多。

"不要说不利于团结的话，不要做不利于团结的事"，这在政府部门、事业单位和大企业是一条必须遵守的规矩。为什么要这么做？因为团结一心、众志成城，是公司、企业和部门成功的前提。否则内耗太多，拧不成一股合力，不用外面的人来打你，你自己就溃散了。这和打仗是一个道理，蒋介石几百万装备精良的部队，打不过共产党的小米加步枪，其中有一个原因，就是所谓的蒋介石嫡系部队和各地方的军阀，实际上不是一条心，各有各的打算。

一般的小年轻刚进一个单位，多半不是很懂得这个规矩，因为个人的情绪或鸡毛蒜皮的小事去闹、去吵，甚至在公众场合大放厥词，说些不利于团结的话。有些人经过历练，会慢慢注意，今后谨言慎行，他在领导心中的形象就大为改观，有了提拔的机会。而有些人不懂得加强自我修养，依然我行我素，这样的人被领导打入另册，一辈子休想翻身。

领导喜欢什么样的部下？一是听话的，二是会办事的。凡是悟透了这两点并力行不辍的人，几乎没有不被提拔的。有时可能会觉得有些吃亏，别人都在闹情绪，发泄出来多痛快，还能博得同事的几声附和和同情，而自己心里有了委屈还不能说，还在默默无闻地做事情。你会发现，最后当官的都是后者。时间会给予公平的结果。

你能帮助多少人，就有多少人帮助你

这个道理很多人没有悟透，或者明明知道，却由于自己格局小而做不到。久而久之，则心胸狭隘，小家子气。

自私是人的天性，自私到一定程度就是吝啬。有一个经典的笑话：一个有钱人，虽然很富有，但是很吝啬。有一次，他不小心掉到了河里，好心人想去救他，就对他说"把你的手给我"，吝啬鬼听了死活不干。后面有一个了解他德行的人说"我把我的手给你"，吝啬鬼才伸出了他的手。

《儒林外史》中的严监生也是一个吝啬鬼，他临死时已经说不出话了，可就是闭不上眼。后来一个了解他的人把灯盏里多的一根灯芯剪掉，他才安心地闭上了眼。欧洲文学长廊里也留下了四个著名的吝啬鬼形象，

◎ 没有无能的员工，只有不会训练团队的领导

包括《威尼斯商人》中的夏洛克、《悭吝人》中的阿巴贡、《欧也妮·葛朗台》中的葛朗台、《死灵魂》中的泼留希金。

　　正因为人的天性中深埋了自私，所以想让一个人去帮助别人，确实是件很难的事。心眼小的人会想，我帮你我不吃亏了吗，于是束手不管。这就像那个落入河中的吝啬鬼不愿意"给"一样，只要一涉及"给"这个字，就会触及他敏感的神经，哪怕事实并非他想的那样。

　　有些人也懂得这个道理。但是，帮助别人的好处一般不能马上变现，需要等上好长时间，或者等有机会了别人才能回报你。于是，他失去耐心了，觉得回报无望，慢慢地不再去帮助别人。

　　其实，帮助别人是需要格局的，因为这是在与人的自私的天性作抗争。有些帮助可能真的一辈子都不会有任何回报，这令那些格局小的人一生耿耿于怀。

可以把帮助别人看成一种投资。你投资了 100 只基金，只要有 60 只基金赚钱就不错了；你帮助了 100 个人，只要有一半的人反过来帮助你就不错了。但是你没投资一只基金，没帮助一个人，那就永远没有收益。

在别人的帮助中，只要有一个帮助是有分量的，那你此生说不定就能发达。我们经常说"遇到贵人"，贵人不是慈善家，会平白无故地帮你，他一定是看中你身上的某一项优秀特质，才愿意伸出他的金手。自助者天助。

有格局的人，不会把每一次帮助都看成是等价交换。中国人讲究礼尚往来，今天你结婚，我送上 200 元红包，明天我搬新房，你回送 300 元红包。中国人的礼尚往来名义上是一种礼仪，有着一个好听的名字，实质上是怕办喜事没人来捧场。

这个道理，一定要想明白。

统一股东、合作伙伴、员工和客户的立场

我们的军队刚刚上井冈山时只有几千人，但最后发展成几百万的人民解放军，它成功的秘诀何在？道理说起来也不深奥，就是统一思想。

我们党是非常优秀的党，用它成功的经验作类比，能悟到很多深刻的道理，它的很多方法都值得我们学习。

在一家公司里，最难管的是高学历的人。这些人思想活跃，总认为自己学了很多东西，比别人高明，对这种人尤需统一思想。

记住，你能统一多少人的思想，就能统一多少人的行动。

奖罚分明

奖罚不分明的机制是没有用的机制。

有很多企业很难做到奖罚分明这一点。罚倒是做得比较多，这个也要扣钱，那个也要扣钱，搞得员工一肚子怨气。这样的公司、企业或事业单位多半做不好，员工工作时永远是效率低下、错误频出的状态。

做企业和打仗是一回事，必须做到奖罚分明。你看《小兵张嘎》里，嘎子缴获了敌人的一把手枪，立了功劳，最后不就获得了这把手枪作为奖励吗。当然，嘎子人小，不了解军队的纪律，一开始怕交公，就把这把手枪藏在一棵树上的鸟窝里，他手里只有老钟叔给他做的一把木头枪。当最后他获得了奖给他的这把真枪时，露出了满口白牙的笑脸，占据了整个屏幕，给所有人留下了深刻的印象。

有些老总，他不奖，是舍不得，白花花的银子花出去让他心痛。民营企业的老总有这样的想法还情有可原，因为钱是他自己的。奇怪的是，有些国有企业或事业单位的老总也舍不得，钱明明是国家的嘛！真不知这样的人是一种什么样的心理。

当然不是说国家的钱就应该中饱私囊或者大手大脚地乱发，但至少应该多奖励一些优秀、肯干之人，不要冷落了新时代的"雷锋""焦裕禄""铁人王进喜"。当然，国企可能体制上有很多制约，不过，只要是企业性质，想做强、做大，就应该按照市场规律去办事，不要用事业单位的思维去经营企业。

有些老总，他不奖，是因为觉得没必要花这样的钱。这样的老总是缺少认识，并没意识到奖作为一种与罚相辅的手段，对激发员工积极性会起到巨大的作用。这样的老总，只能说他没水平。

国企改革之初，最鲜明的口号是"责权利"，其实员工承担任何一项工作，都要有"责权利"。与责罚相对应的，是权利和奖励。你只晓得让他承担责任、接受惩罚，而没享受权利、享受奖励，那他不仅工作做不好——实际上是没有动力做好，还会在背后抱怨。

更气人的是，有个别老总、领导还经常让员工无偿地帮自己干私活，这些员工会因为对方是自己的领导，即便得不到一分钱也只能忍气吞声。经常有人说"人和人是利用的关系"，对此，我不能苟同。我认为人和人是一种交换的关系，只要你利用了别人，别人总会找机会来利用你，而且你利用了多少人，就会有多少人想方设法地利用你。报复心理也是人性中的一部分，报复有时候不是因为吃了亏，而是因为心里过不了这个坎。

拿出去的是名权利，换回来的自然就是他人的责任。自己紧攥名权利舍不得放手，那责任就只能扛在自己一个人的肩上。我长期开玩笑地说，有些老总为什么年纪轻轻的头发就白了，有些甚至都秃顶了，一问原来大部分都不是遗传，而是操心操的。为什么要让自己这么操心呢？原来在公司中，他既是董事长又是总经理，甚至策划、财务、销售都是他一个人干完了。在社会大分工的今天，怎么还把自己搞得这么忙？一问他的员工才知道，下边没有一个是当官的。没人当官，那就没有人操当官的心。

官职、金钱、名分都是一种奖励，公司老总只要能快速地将这些奖励分给手下，操心的人自然就多起来了。操心的人多了，老板自然就能省心了。我们公司有一位年轻的总经理，才 24 岁；我们公司有一个总经理只有小学文化，他的手下有两个是本科毕业的大学生；我们分公司的第二大股东是个只有 27 岁的女孩子。这些说明，只要能操心、能负责任，年龄、学历、性别都不重要。

育人实例之引导员工乐于接受培训

一般而言，企业管理者都很重视员工技能技巧的培养，员工本人却恰恰相反。企业管理者之所以如此，是因为他们明白员工掌握技能技巧的重要性，但实际上员工对此会有一个心理落差。

举个例子，儿媳妇过门后肯定是要做家务的，但婆婆很着急，儿媳妇刚刚踏进门就对她说："我教你怎么洗菜，我教你怎么洗衣服，我教你怎么拖地……"儿媳妇对这些东西不感兴趣，因此她的参与程度不强。她暗忖："我来这里，为什么要学这些呢？"顿时觉得跟她一开始想象的不一样。

看着婆婆，她心里充满了不解和怨恨，"我理解的生活应该是像你儿子说的，衣来伸手，饭来张口，他负责赚钱，我负责花钱。结果我一来，你就教我这些东西，干吗呀！"不少员工进入公司后，也会突然感到"咋一进来马上变了"。这时问题就产生了。

看看我们公司是怎么做的。新员工第一天到公司，只让他学着拍手、讲笑话，跟专业毫无关系。新奇之余，他会觉得很好玩。有的新员工甚至会想："我别的本事没有，讲笑话的本事还是有的。"新来的员工，不管他故事讲得精彩与否，一律给他鼓掌。他回去后跟家人讲："那个工作太好了，只需要讲讲笑话，老总人又热情，说我笑话讲得好。"不理解的家人听完后，觉得这个公司有点神经病。

新员工刚来三天，我们公司对他不提任何要求，只让他讲笑话。然后我们不停鼓掌，慢慢地，他就找到感觉了，以一种十分愉悦的心情融入公司里。此时我们对他正言相告："第一，单单讲笑话是进不来人民币的；第二，你应该在更大的舞台上讲笑话。我们这里的舞台小了点，人少了点，只有十来个人。你应该想办法去给三百个人讲。"接下来他会思考："那我要先设法找到人。"

对儿媳妇也一样，先让她玩，这过程当中她看到公公婆婆都在做事，就会对自己游手好闲羞愧难当。看到全家人做事时，她会主动说："我来帮帮你。"在我们公司也一样，新员工玩了几天后，他渐渐觉得不太对劲，就会自动向别人靠拢。看到别人有打电话的、有联系顾客的，他也会跟着去学。

儿媳妇一开始只是帮忙拣拣菜，到后面她会偶尔炒个四季豆。虽然刚学炒菜不好吃，但家里人一定要异口同声地夸赞她炒的菜好吃，并且把它吃完，否则，给她带来打击，她可能就无心再学下去了。

儿媳妇受了表扬后动力十足，第二天还想再露一手，炒着炒着手艺就越来越好了。厨师就是通过大量反复的练习练出来的。这时候，儿媳妇觉得这家人有包容心，就会慢慢地去练习、去研究，公公婆婆再适时地在旁边指导一下，何愁儿媳妇不能成为厨艺高手。

大家都喜欢选择相对轻松的行政、人事、财务等岗位，最难最累的生产和销售工作则少人问津。所以，招到生产和销售人员后，尤须重视职前培训。到了第四天，我们就会对新员工播放一些关于公司产品和现场的视频，加深他的印象。公司要注意去制作一些和顾客愉快交流的视频，让新员工看到跟顾客玩就能赚到钱。

然后给他灌输思想："你在公司内部已经很优秀了，但跟顾客交流的话不知对方有何感觉，下一步，把你在公司学到的去跟顾客讲。"他心里打鼓："我到底行不行啊？"我又激励他："虽然你刚开始学要稍微难一点，但你前面的表现很不错，肯定能行。"

接下来给新员工找一个师傅。第四天的时候，我悄悄地问公司其他员工："哪一个想成为他师傅？"如果他想找一个厉害的师傅，我就悄悄地问这个人："愿不愿意收他为徒？"愿意的话就好办，不愿意的话我再问其他人，总有一个会接收他。新员工如果没有找到心仪的师傅，我会劝慰他："可能他最近太忙了，你先跟其他人一段时间，多跟几个人，能学到更多的东西。"

　　师傅接下去会带他去见顾客。去之前，师傅先叮嘱他："你跟我去可以，但是有一个条件，就是到时坐在一旁默默地听，千万不要插嘴。"这样做的目的是避免破坏气氛，因为两个人面对一个客户，如果口径不统一，会给客户带来疑惑和不快。这一点说起来容易做起来难，所以师傅带徒弟出去时，还要让他对着宣誓墙发誓："出去后一定不说一句话，只用笔记本记录就可以了。"

　　新员工禀赋、能力不同，有些人师傅带他一天，他就能和顾客交谈了，有些人则需要三四天甚至更长时间，因人而异。不过，只要他想试，就给他机会。在他和顾客交谈时没讲到点子上或者词穷时，师傅在一旁适时补充。

　　对于新业务员，我们公司一直采取鼓励的态度，就像我们培训主持人一样，先让他上台进行内训。一上场，不管他讲得好与坏、错与对，我们绝不指责、数落他。

　　新员工刚开始和客户交流时，有时会被客户问得词穷，陷入无法接下一句的窘境，搞得满脸大汗。事后，师傅给徒弟打气："你很棒，是客户太刁难了。我以前跑业务时，基本上不理他。"有时为了鼓励徒弟，甚至这样说："客户是要选择的，有些客户不能把他当作正常人看。"新员工本来有些不自信，听了这番话后又变得勇气百倍。明天试、后天试，试着试着就上路了。

　　部队出去打仗前要先进行实弹演习，员工也一样，出去跑业务之前先进行足够的训练。我们公司有一个视频，里面的内容包括顾客不断地被客户轰出去而受气，走在路上显得很难受，等等。员工看了以后，就会有一个充分的心理准备，并通过互相沟通交流，提高心理承受能力，这样当他出去推销遇到很多麻烦、遭受很多拒绝时，就能保持一颗强大的心。每家公司都应该制作这种类型的视频，内容有激励人心的，也有受挫折和折磨的，让所有员工都知道，一个残疾人或不健全的人都可以干一番事业，更何况一个身体健全的人。

有一些新员工胆子比较小，带他四五天都不出效果。此时不宜逼他跟客户交流，这种命令式的方式不仅会让他感到害怕，而且效果未必好。我们采取的是这样的培训方式——引导和教化，而不是去命令他、强迫他，要有足够的耐心慢慢带他，直到他主动要求和客户交谈。倒数第一名会拉大家后腿，但只要他有潜质想学，我们公司就会循循善诱，给他一个学习的机会和接受的过程。这套机制设计堪称完美。

很多老总以迅速记住员工的名字为荣，以为这样做就是优秀企业管理者，果真如此吗？我不以为然，认为三个月内还是不记得为好，免得到最后大家都伤心。三个月之内我让员工玩，同时把机制设置好；三个月以后，如果还不出业绩，那对不起，就要进行处罚，如果最后还练不出来，那就走人。

培训是有一个系统的，培训课程就像电视连续剧一样，要一部一部地去演。我的培训系统任何一个人都不能全盘掌握，因为他如果全部掌握的话，可能看了第一集，就不会再想看后面的了。甚至有别有用心者，可能会将我的培训系统改头换面后拿去非法炒作或贩卖。为了有效防范，说句夸张点的话，我的电脑都是我自己开机的，绝不假手旁人。我必须把我的培训系统设置好、控制好，这是我的核心竞争力，也是我的饭碗。

育人实例之打磨人才

人才要么是吸引来的，要么是打磨出来的。如何打磨人才？下面再结合我们公司的例子来看看。

我们上小课时让一些生手来练，因为场面小，出了问题好解决。但上大课时，主持人至少要有两三年的工作经验，他得有掌控场面的能力。有一些刚来的员工会频频犯错，这个时候我脸色就变了，让他看到事情有点严重了。不过，当着众人的面并不批评他。人都是要面子的。

◎ 企业最大的成本，就是让没有训练好的员工去工作

　　回过头来，我会关起门批评他："给我站起来，告诉我，你今天做了什么？哪些地方是没有做对的？"要让他自己说，这样才能让他认识到自己犯了什么错，同时确保下一次不会发生同样的问题。如果我单纯问他："下次还会不会犯？"他肯定会说"不会"。出于自我保护意识，这时候任何人都会这样说。嘴巴说了算不算？我问他："那又犯了怎么办？"他说："我从二十楼跑上跑下。"跑死你也于事无补。

　　我们曾培训过一个团队，他们的处罚方式很特别，输了的话，第一天吃一个苦瓜，第二天吃两个苦瓜，第三天吃三个苦瓜，搞得这些员工苦不堪言。其实何必那么麻烦，根本不用去买什么苦瓜。你看看我们公司是怎么做的？我会对他说："那你认不认罚？"他说："认罚。"我就让他乐捐一定的金额。

　　他只要还想坐在这个位置，就一定要先把钱掏出来，不然就去发传单。其实，这对当事人来说，是一个非常痛苦的过程，因为钱进了腰包后，谁都不愿意再掏出来。

　　我把员工打磨成人才的方式是言传身教，而不是随意指挥。从人性的角度讲，你指挥别人，大多数人都会感到不服，或者说，大多数人都不喜欢被别人指挥。人的内心深处都向往自由。囚禁对罪犯最大的惩罚不是让他在监狱里吃苦，而是让他失去自由。指挥别人，实际上就是让他暂时失去心灵的自由。

　　你指责一个人越厉害，他心里越不服，作用力有多大，反作用力就有多大。此时，不妨处理得艺术点，点到为止。人都是爱面子的，这一点对中国人来说尤甚。他今天犯了错误，就会长记性，下一次就一定会想办法改正过来。如果他想不了办法，那公司就继续采取措施。如此一来，老总还需要亲自去管吗？

很多老总管理公司很累，原因就是没有一个恰当的奖罚机制。我长期讲："钱在哪里，心就在哪里。"该奖的要奖、该罚的要罚。我们罚员工时准备了一个"乐捐箱"，就算罚也要罚得高兴、罚得开心。

上次我给众基义齿做培训，让他们的生产部和经营部PK。以前，他们每个月生产4000颗牙齿，销售4000颗牙齿，我让他们PK的目标是，每个月生产部要生产6000颗牙齿，销售部要销售6000颗牙齿。然后让每个员工掏500元，管理人员掏1000元，赢了的人把钱全部拿走。

别以为培训中的PK只是在玩游戏，如果真这样，那就失去了培训的意义。培训的真正目的是培养员工的竞争意识，然后把这种意识放到工作中去，这才叫打磨人才，这才是培训的最终目的。现在不少公司人员流失比较严重，以钱作赌的PK一旦开展起来，接下来的一个月老总就不用怕他辞职——他的钱还在这儿押着呢。

其中一个团队说："这不公平，我们的员工生病了都不能请假。"说虽这么说，但因为PK关系到成败胜负，关系到真金白银，他们最后连假也不敢请了。

PK的双方虽然心里都没有底，但都会抱侥幸心理："万一我赢了呢？"赢的这个部门把另外一个部门的钱全部赢走后，对方肯定会不服气，就会有输了想扳本的赌徒心理。赌徒打起麻将来可都是全身心地投人，不怕腰酸背痛，熬更守夜坚守在麻将桌旁，有点头痛脑热的小病也轻伤不下火线。此时，人的所有潜力都激发出来了。

这个团队的人发挥赌徒精神，说不定下个月就把钱赢回来了，那下个月的 PK 目标就是 7000 颗牙齿。下个月如果另外一个团队赢了，双方又重新开始 PK，如此循环往复，产量就越推越高，再下个月牙齿就能做到 8000 颗、9000 颗了。这样一来，不仅公司的业绩上去了，而且员工的收入也提高了。公司的业绩上去后，效益肯定就好，何愁没钱给员工加薪？最终，公司和员工都达到了相互促进的目的。

经过一番打磨后，员工出去跑业务的能力提高了。以前，老总会着急地对员工说："你怎么还没跑出业绩啊，我给你请老师培训。"其实，方法根本不需要别人去讲。一个女人以前没生过孩子，不培训她就不会生吗？一个男生从没亲过女朋友，不培训他就不会亲吗？技能虽然不像本性一样与生俱来，但可以通过后天习得。

跑业务属于实用知识而非理论知识，在大量的实践基础上，在压力之余的迫切心情下，在赚到更多钱的功利目的下，他会全力以赴。

二、完善职前培训系统

培训是一项复杂的系统工程，科目繁多、方法多样，在时间的选择上也有很多学问。员工的培训系统分为职前培训和职中培训，哪些内容在职前培训，哪些内容在职中培训，是有讲究的，如果拿捏不当，甚至会产生负面效果。

培训孝道

"百善孝为先"，孝可以说是一切行为的根本和出发点。

先想一下，你是从哪里来的？对，你是你父母生的，你父母又是从哪里来的？对，是他父母生的。这样一种繁衍，才形成种族的延续。任何时候，人都不能忘本，不能数典忘祖，忘记自己的根在哪里的人，是最遭人痛恨的。而对自己的生命的来源——父母，最好的回报方法就是行孝。

《三字经》中对行孝从小就有规范："父母呼，应勿缓；父母命，行勿懒；父母教，须敬听；父母责，须顺承；冬则温，夏则清；晨则省，昏则定；出必告，反必面；居有常，业无变。"孩子有了这一套规范，才算得上对父母孝敬。

几千年的封建礼教中确实存在不少糟粕，但《三字经》对少儿的行孝规范，可以算得上是其中的精华。"去其糟粕，取其精华"，这一套少儿规范应该保留下来并发扬光大。可惜的是，在摆脱封建礼教的过程中，现代社会不论巨细，一股脑地全部抛弃了。在泼出洗澡水的同时，把孩子也泼出去了，还美其名曰：封建社会的那一套太烦琐了，有损人性的自由。

比如说"出必告，反必面"，这一套现在还应该保留吗？有些家庭是这样要求孩子的："孩子，你去哪里，一定要告诉父母一声，好让父母知道你的行踪而安心。"这样要求不仅从礼仪上来说必要，从安全角度上来说也可行。如今社会治安情况复杂，有时告知自己的行踪，在关键时刻甚至能起到很大的作用。做个不好的假设，即便遇到歹徒了，为公安破案也能提供线索。

有些家庭的孩子能做到"反必面"。孩子从外面回来，第一件事是先跑到父母房间说一声："爸爸（妈妈），我回来了。"父母听了之后，知道自己的孩子从外面平安回来，就安心了。

不过现在的家庭差别比较大，有些家庭能这样做，有些家庭不能这样做。造成这种结果的原因，是每个家庭的教育方式不同。"出必告，反必面"，显得像一种仪式。老实来说，现代人是比较反感仪式感的，觉得它烦琐。但是，有些时候、有些场合、有些活动是需要仪式感的。

比如说欢迎外国元首鸣放礼炮就是一种仪式，否则你说你把他当成尊贵的客人，不通过仪式感怎么把这种尊贵体现出来？

孝道更多的是在父母老的时候体现出来。1999年春节联欢晚会上，陈红唱了一首歌叫《常回家看看》，风靡一时，尤得老年人的心。

找点空闲，找点时间

领着孩子常回家看看

带上笑容，带上祝愿

陪同爱人常回家看看

妈妈准备了一些唠叨

爸爸张罗了一桌好饭

生活的烦恼跟妈妈说说

工作的事情向爸爸谈谈

常回家看看，回家看看

哪怕帮妈妈刷刷筷子洗洗碗

老人不图儿女为家做多大贡献呀

一辈子不容易就图个团团圆圆

常回家看看，回家看看

哪怕给爸爸捶捶后背揉揉肩

老人不图儿女为家做多大贡献

一辈子总操心就奔个平平安安

当我们的父母老了的时候，就特别希望歌词中唱的能成为家中的现实。

李春波的《一封家书》也是一首劝孝的歌："亲爱的爸爸妈妈，你们好吗，现在工作很忙吧，身体好吗……"整首歌歌词朴实，真的如同在向父母倾诉一般。

近年来，国家尤其重视子女行孝的问题，还制定了一部法律，规定子女必须每年回家看一次父母云云，做不到的话还可以以法律治罪。可是，这在现实生活中是绝对不具有操作性的，天下哪个父母会舍得把孩子告上法庭。哪怕孩子三年五载地不回来看望，做父母的顶多也就是心中埋怨几句而已。这部行孝的法律面临着一种法与理的困惑，至少实施到现在还没有哪家媒体报道过类似案例。

从另外一个角度来说，儿女应该有主动行孝的意识。我就是每个月雷打不动地陪父母吃一餐饭，有天大的事都不管，有重要的事一概推托。

很多人直到父母去世了才后悔："哎呀，我当初怎么不多陪陪父母。"有的人看到朋友圈里疯传一句话："子欲养而亲不待。"于是痛下决心，一定要多陪陪爸爸妈妈。可是一到实际生活中，要么忙于工作，要么忙于应酬，要么忙于娱乐，把时间都留给了这些所谓的生活和工作，却唯独没有留给生你育你的父母。

行孝的人德行一定差不到哪里去，因为孝，他懂人伦；因为孝，他从心底里升起一种善良。这样的人到企业去工作，堪当大任。

培训礼仪、礼貌

人无礼而不立。礼仪、礼貌是整个社会都看重和提倡的，但礼貌一般都限于家庭内部培养，礼仪则是一些社会机构在培训。少部分参加礼仪培训的人多半只是出于好奇，大部分人则觉得没有必要——没经过礼仪培训，我还不是在社会上混得好好的。

你说企业不需要礼仪，却也未必。你看各家保险公司出来的员工，个个西装革履、风度翩翩，的确给人一种与众不同、赏心悦目的感觉。再看看现在的网约汽车公司，都要求司机用语礼貌、细声细语，不可冲撞客人，否则就要被投诉。

最重视礼仪的恐怕要数服务单位，比如贵阳市的地铁乘务员，据媒体报道，地铁上的"铁少铁姐"已经做了很长一段时间的培训，站有站姿、坐有坐态，手该怎么放，脸该怎么笑，都是有讲究的。说到底一句话，就是要让乘客感到如沐春风。

我们众国人才市场在礼仪培训方面也是下了一番功夫的。所有来参加培训的客户都能看到，在现场，我们的员工穿着整齐统一的服装，静静侍立在会场周围，抬头挺胸，随时保持饱满的精神状态。站得太久了有员工替换上去，还会互相鞠躬致意。这些是什么？这些就是礼仪、礼貌。

一个人，哪怕他不知道礼仪、礼貌是一个社会文明程度的标志，但只要长久地灌输这种行为和意识，就会内化为他的行动。懂礼仪、礼貌的人，走到哪儿都会让人觉得有素质，都会让人舒服。有句话说，"一个人让别人感到舒适的程度，决定了他将来有多大的发展"。礼仪、礼貌有助于事业的发展。

有礼仪、礼貌的团队总给人一种训练有素的感觉，能对外提高公司的印象分，哪怕不加分，至少也不会丢分。很多客户反映，看了我们众国人才市场这个团队后，感觉非常正规，希望和众国人才市场长期合作。

培训企业文化

"现代企业""企业文化"等词，乘着改革开放的春风慢慢涌入国内。那时候会玩这些时髦词语的企业管理者，给外人的印象就是面目一新的"现代企业家"。但中国人最擅长喊口号，你去一些企业或部门办事就会看到墙上挂着标语，"要做一流的企业""要为市民提供一流的服务"。实际上呢，谁心里都明白，这样的话语过于空洞，很难落地。我们要思考一下什么是"一流"。

直到现在，很多企业对企业文化还停留在喊口号的阶段。一说企业文化的重要性他全懂，但是要让他为企业文化掏一角钱，对不起，门都没有。这就是一种悲哀，不知道是他们的悲哀，还是社会的悲哀。

诚然，企业文化相对生产、销售、财务等来说，显得并非必不可少。没有企业文化，企业也能存活下去，只是员工在混沌的环境中活得有点精神贫瘠罢了。这就像刚到生存线的人，他只要吃饱能活下去就行，至于文化娱乐、精神享受，对他来说可有可无。一些无知的人甚至会说："要那玩意儿干啥，糟蹋钱。"对这样的人，我们只能表示无语。

企业文化建设是指与企业文化相关的理念的形成、塑造、传播等过程，它能起到提高员工凝聚力、强化员工价值观的认同等作用。这些大家都懂了，可是，又去做了吗？

企业文化是一种无形的东西，听起来比较空，不过，它可以用实物来体现。比如说我们众国人才市场现在推出的这本书，就是在我大量现场培训演讲的基础上慢慢补充、深化、完善起来的，是我们众国文化建设的一部分。这种文化，既能让我们内部的员工受益，又能让外界看到我们文化建设的成就。文化建设是需要一本本图书、一期期内刊、一篇篇报道来体现的，别把它当作一句口号只挂在嘴上。

企业文化建设，有时只依靠公司内部的实力无法实现，比如说宣传、写作。这时候，聪明的老总会借助于外界的资源，包括记者、编辑、作家、高等院校工作者等。你虽然请不到这些人来公司上班，但完全可以以松散的方式来合作，请他们来写作、报道，支付一定的费用就行。平时，则根本不需要支付工资，为企业节约成本。

企业文化包括公司的使命、公司的价值观、公司的愿景等。

贵州肉制品行业龙头企业——贵州黔五福公司，在这方面就做得特别好。它有很明确的企业使命、价值观、愿景，并且不像其他企业一样，只是停留在口号层面，对外晃晃这个幌子，显得我企业文化多么深厚。这家公司的董事长亲自著文，洋洋洒洒的万言书，彻底阐述了黔五福的企业使命、价值观、愿景的具体含义。这在贵州企业界是非常少见的。并且，黔五福的企业使命、价值观和愿景不是一成不变的，它们随着社会的发展而发展，真正体现了企业文化的意义。正因为这家企业的管理如此规范，前年它顺利地登上了新三板，并且正向更大的目标冲刺。

培训职业规划（个人成长导航图）

有一个词经常被职场人士挂在嘴上，就是"职业规划"。所谓职业规划，基本上包括几方面的内容：先划定一个时期，比如三年五年；在这段时期内，要学习一些什么知识和技能；最终达到一个什么目标，比如从这个位置跃升到一个更高的位置。由于它经常会结合员工个人的成长，所以也叫个人成长导航图。

很多人工作后是迷茫的，并没有一个明确的奋斗目标，无非就是上一天班得一天的工资，至于以后的发展，则全无一点规划。这样的人就像一艘在水中随波逐流的船，它的方向、它的速度，全由水流所决定。而有规划的人，则好比手中多了一支桨，船驶到哪里，可以通过划桨来控制。

我们现在开车，经常需要用到导航。之所以现在能便捷地使用导航，首先得感谢中国高科技带来的北斗卫星导航系统。一般人出去对路况都不熟悉，中国何其大，怎么可能哪里都开车去过。此时，导航就发挥它的巨大威力了，只要输入要去的地方，一路上，导航软件就像一个随身的导航员，语音随时会提醒你前方多少米左转、前方多少米右转，方便极了。汽车需要导航，一个人的一生也需要导航。

员工要想走得远，就需要制定自己的职业规划。有了规划，有了梦想，人生这艘船才能在惊涛骇浪中劈波斩浪，向着既定的目标前行。

个人成长中涉及一个让大家感到困惑的问题，那就是脸面。什么是脸面？让我们来看看知名人士是怎么说的。太平洋集团前总裁严介和说："什么是脸面？我们干大事的人从来'不要脸'，脸皮可以撕下来扔到地上，踹几脚，扬长而去，不屑一顾。"华为总裁任正非说："只有'不要脸'的人，才会成为成功的人。"某经济刊物的主编巍巍说："为了面子坚持错误是最没有面子的事情。"

这几个人口中的"不要脸"，是指事业上有一种拼劲，不要太在乎别人的眼光，该怎么行动就怎么行动。而一般意义上说的"不要脸"，是从道德层面来说的，指不顾礼义廉耻。两者完全是两码事。

成长中的员工一般都比较年轻，比较容易为脸面问题所困惑。面子是自己挣的，其实挣的是钱，挣的是事业，有了钱和事业，面子自然就有了。

培训技能技巧

每一个行业都有自己的技能技巧要求。你要去织布，就得熟悉挡车工怎么做，线头断了怎么接才最快最好。你要做财务，就得知道怎么做账，借方该怎么写，贷方该怎么写。不掌握每个行业特有的技能技巧，根本没办法开展工作。

学校里面学的毕竟有限，又都是理论知识，所以一旦走入社会，就需要培训新的技能和技巧。你在这个行业干的是这份工作，进入一个新的行业后，面对的是一份新的工作。此时，就需要学习新的技能技巧。

在我们众国人才市场，每一个部门的管理人员必须制定出一本《工作百问百答》，而且这本《工作百问百答》必须经过部门全体人员探讨，由专人记录，不断地改进和完善。这本《工作百问百答》，在外界看来颇为神秘。

有一次给一家企业做内训的时候，我规定他们的管理人员必须在一个月内制定出公司每个工作岗位上所需的《工作百问百答》，这个管理人员在各大网站上到处搜索，结果一无所获。期限将至之时，他对我说："李老师，我搜索了所有的地方，还咨询了很多培训和咨询界的朋友，都没有找到这个所谓的《工作百问百答》。"

我听后笑着对他说："每个公司的岗位要求都不一样，而且每家企业的发展阶段都不一样，你怎么能搜索得到呢？我是要让你们坐在一起互相交流，把问题找出来，讨论解决这些问题的方法。这样出来的东西，才能更好地帮助你们工作。"

他闻言说："李老师，干脆把你们的《工作百问百答》卖一本给我吧，多少钱都行。"我很严肃地告诉他："你掏多少钱也不可能卖给你，不要说是我，我们公司的任何一位员工都不会这样做。一是作为一个部门负责人，你的依赖性太强，不善于动脑和动手；二是我们的行业和你们的行业差距太大，你拿到我们的《工作百问百答》没有任何用处；三是我要对你、对你们公司负责；四是我是来教你们做人做事的方法的，不是让你们学习如何生搬硬套的。"经过一段时间的教育、引导和教化，他们自己很快就做出来了，也很顺利地用在了工作上。就这样，我们公司神秘的《工作百问百答》被揭开面纱，渐渐运用到其他公司中。

《工作百问百答》的魅力何在？无他，就是具有很强的实用性。很多执行力强的公司或企业都在运用这种工作方式，当然，名称未必叫《工作百问百答》。比如，有的民营医院设有引导员的岗位，就是想办法把患者留下并赚到他的钱，为此，他们有一本专门的手册，详述如何根据患者的心理来设计台词。若干年前在保健品行业成就商业帝国的三株口服液，也有一本册子，专门详述营销产品的话术。

这些都说明，根据岗位的实际操作情况和遇到的问题，解决问题并改进工作方法，对提高工作质量能起到很大的作用。在营销岗位上，甚至能攻城略地，无往不胜。想想当年的三株口服液，全国几百万的消费者，就是被它的那本小册子所掳获了。

经验的积累

从事任何工作都有一个经验积累的过程。同样的工作、同样的技能，有没有经验，有时会形成天壤之别。很多行业会开展行业能手评比，为什么有的人能成为行业能手，水平高于同事？就是因为他有了经验的积累后，把技能玩得更娴熟。任何一个单位都会优先聘用熟手而不是生手，哪怕生手比熟手聪明。熟手可以马上用，不用再投入培训成本。

有些行业，经验的积累比技能的掌握还重要，比如活动的策划和执行。活动的执行并不需要什么特殊的技能，就是制作标牌、布置场景、规划细节、把握环节之类的，这样的能力并不需要去特别培训，似乎也没有这样的培训班，因为它靠的就是经验的积累。只要做多了，自然就会；只要做多了，自然就精。这一点优势，从没涉猎过的人是无法具备的。

驾车的技能是需要培训的。众所周知，掏几千元去驾校培训，科目一、科目二……依次通过了才能最终拿到驾照。但是开车的经验却是驾校无法培训的，只能靠自己多练习来积累。开车多了，自然就熟悉了路况，熟悉了不同车型的驾驶特性，熟悉了交通事故该怎么处理……这些，都要靠经验来积累。

新闻专业科班出身的学生来到新闻单位，可能他的学校比老编辑、老记者的学校知名，可能他在学校的学习成绩比老编辑、老记者好，可是，他来到新闻单位还是需要谦虚地学习。这不仅是职场的规则，也是职场的需要。

一个新闻单位，记者、编辑、校对、发行等各个环节之间会形成一整套的规范和规矩，老记者、老编辑待的时间久了，自然会熟悉这一套流程，而新来的大学生是不可能知道的。此时的大学生，需要老记者、老编辑进行指点，包括一些很小的细节，比如标题该怎么处理更合乎规范等。

"家有一老，如有一宝。"老人的身体、智力等不如年轻人，但在经验方面远胜过年轻人。有经验的人经常会夸张地说："我吃过的盐比你吃过的饭还多，我走过的桥比你走过的路还多。"一个人吃过的盐，怎么可能比别人吃过的饭还多，一般人一生吃的盐可能也就一两碗，而一天吃的饭也不止一两碗。这当然是夸张的用语，但说明了经验的重要性。

经验需要时间去积累，除此之外并无捷径。所以有志向的人最好多多积累经验，凡事亲力亲为。说到这里，不得不说说黔五福公司的董事长了，他什么岗位都干过，所以，即便他坐在决策者的位置上，底下的任何一个员工都欺骗不了他，因为他都懂。

经验虽然需要时间去积累，但有一个效率高低的问题。用数学公式来表示，就是用经验的多少除以时间的长短。有些人干了 10 年，才积累了 100 种经验；有些人积累 100 种经验，只需要 2 年。孰优孰劣，一目了然。最好有意识地主动去积累各种经验，如果一个人能把一个单位所有的岗位都干遍了，那这个人一定很厉害。

有人会说，我是文员，怎么可能接触到财务？这个怎么说呢，"世上无难事，只怕有心人""只要功夫深，铁杵磨成针"。你可以主动接近搞财务的人，和他交朋友，并尽力去帮忙，主动请教一些财务方面的问题，试着自己去记记账，做做借贷平衡表。假以时日，定能精通财务知识。

三、完善职中培训

员工入职一段时间后，有一些东西他就得及时地学习，以进一步提高水平，胜任更复杂的工作。

培训领导力智慧

一个领导在公司最能体现他能力的就是领导力。什么是领导力？领导面对的是下面一帮员工，验证是否有领导力最好的方法，就是看其是否有心甘情愿的跟随者。领导力强的人有很多跟随者，领导力弱的人即使有权力，跟随者也寥寥无几。

领导力不等同于管理，管理是指挥别人的一种权力，但很多公司的管理者把领导力当成了管理。在现实中，很多人都不愿意被人管理，但很多人又特别想管理别人。公司的矛盾就是从管理和被管理中产生的，公司的内耗也是这样不断被制造出来的。

"你有一个儿媳，你嫌儿媳不懂事。你有一个女儿，你希望她掌管婆家大权。你开车时讨厌行人，你走路时讨厌车。你打工时觉得老总太强势、太抠门，你当老总后觉得员工太没责任心、没执行力。你是顾客认为商家太暴利，你是商人觉得顾客太挑剔。"这是最近朋友圈流行的一段话，之所以如此矛盾，是因为人人都站在自己的立场上去思考问题。它提醒人们，要学会换位思考。其实我们都没错，错在我们站的位置不同，站的位置不同，就容易产生各种各样的矛盾。

这个世界上，人是最复杂的，具有多样性、多变性，因而是最不好管理的。有时候，可能动物还比人好管些。一个饲养员哨子一吹，手势一比，两百条狗能齐刷刷地待命，也能齐刷刷地上来用餐。人呢？

所以需要领导艺术。我曾遇到过一个事业单位的女主任，对她来说，根本就没有领导艺术的概念。她虽是主任，行为却和普通员工并无多大差别，机关算尽，只为每一次都能占别人便宜，结果搞得在员工心目中一点威望也没有，还经常在背后骂她。

这个单位有一个总编，非常有领导艺术，说话水平又高。他树立权威不是靠大声吼骂，也不是动不动就惩罚员工，他只要在台上一讲话，人人觉得他讲得太有水平了，有政治高度，有对员工的关怀。这位老总走到哪里都不怒自威，员工都对他敬畏三分，算是把领导艺术做到家了。

一家公司的领导一定要学学领导艺术。把公司一帮人管好了、带好了，公司才能发展。

培训执行力提升

执行力这个词，近几年被提得特别多。贵阳电视二台还专门有一个栏目叫《执行力》，这一档专门监督政府职能部门的节目，很有影响力。

执行一词，在法院也提得比较多。打一个官司，法院判对方赔偿你5万元，可是被告死活不把赔偿款支付给你。是对方没有能力吗？非也。他每天花天酒地，你没收到这笔赔偿款，是他存心不想给你。这种情况下该怎么办？就要去执行了。

法院有执行庭，帮着原告去追偿这笔款项。要是原告死活赖着不给怎么办，法庭也有办法治他。全国法院系统已经建立"老赖"信息平台，"老赖"贷不了款，坐不了飞机，出不了国，让他处处感到不方便。有些"老赖"一想，这几万元钱我也拿得出，不执行出门都不方便，得不偿失，赔了算了。

在公司也一样，执行力至关重要。任何宏伟的蓝图没有执行下去，就是一张白纸；任何一项伟大的管理措施不执行下去，就是空话。

客观地说，任何一家公司在执行力方面都无法做到百分之百的好，都还有很大的提升空间，所以执行力的培训就非常必要。相对来说，新员工的执行力要稍微差些，新公司的员工的执行力也要差些，执行力的培训对新公司、新员工来说尤为迫切。

导入学校文化

公司导入学校文化，需要公司有一支学习型的团队。现在很多公司、地方政府都意识到了学习的重要性，有的地方政府不仅要求政府部门的领导每年要读多少本书，还把它作为一项硬指标进行考核。做不到的，不仅会被扣当年的奖金，还会影响上级领导对他的评价。

"活到老，学到老"，学习是终身的事，不是离开了学校，就不需要学习。从小学到初中，再从高中到大学，我们学的大部分是基础知识、理论知识，和实践还有着很大的脱节。工作中，很多在学校学的知识并没多少用，还需要在实践中去摸索、去积累。"干中学，学中干"，擅长在实际工作中去学习并积累经验的人，才是厉害的人。

很多人以上班累了为借口，不愿意去学习，这样的人只能说是不求上进。人的工作时间差不多就是 8 小时，决定他今后发展的实际上是业余的 8 小时。在这 8 小时中，有的人吃喝玩乐、打牌泡吧，有的人专心致志、刻苦学习。鲁迅先生说："哪里有天才，我只不过把别人喝咖啡的时间用在了学习上。"一代著名的文学家、思想家尚且如此，我们平凡人有什么理由不去努力学习呢。

剖析案例你会发现，真正有所成就的，都是进入社会后善于学习的人。曾有媒体对全国各省的高考状元的后续发展进行过跟踪调查，结果发现，各行各业中的佼佼者，几乎没有一人出自高考状元。到了社会上，这些在学校里风光无限的高考状元已泯然众人矣。当然原因多种多样，至今没有一份权威的报告做过这方面的分析。不过其中一个原因，就是这些高考状元没有把学习进行到底。

中国人始终把学习分得很分明，在学校要学习，进入社会后就没必要学习了，到单位就是工作。也有人意识到工作后也需要学习，但无志之人又以工作繁忙、身心疲惫、应酬众多为借口原谅了自己。当然，这和整个国家、整个民族的氛围也有关系。

德国人就特别喜欢学习，在车站、车上、路边、图书馆经常可以看到很多人抱着一本书在看，大家已经形成了一种默契，习以为常。而这个要放到贵阳，可能就有点怪了。不信你去试试，如果你在公共汽车上一直抱着一本书看，首先，小偷可能会盯上你，因为你放松了警惕；其次，同车的某些人会觉得你是书呆子，可能用异样的眼光看着你。没有良好的学习环境啊。国内其他城市也好不到哪里去。

但有志之人是能够克服这些的。有人为了锻炼自己在熙攘的人群中的读书能力，还特地跑到人多的街上去看书。这一点很多人难以做到，所以很多人成了凡夫俗子。每一个人的付出，和他得到的是成正比的。

公司提出个人成长导航图，就是希望员工都有梦想，都做有志之人。"三军可夺帅，匹夫不可夺志也。"有志向上发展，就一定要多多学习。

养成终身学习习惯的人，将受益终生。

导入军队文化

什么是军队文化？简言之，就是一切行动听指挥，纪律严明，这是一个军队能打胜仗的基本保障。如果没有严明的纪律，大家嘻嘻哈哈、吊儿郎当，那还怎么打仗啊。

春秋时代有个伟大的军事家孙武，有一天去见吴王阖闾，吴王问他能不能训练女兵，孙武说可以。于是吴王便拨了一百多个宫女给他。孙武把宫女编成两队，选用吴王最宠爱的两个妃子为队长，然后把一些基本的军事动作教给她们，并告诫她们要遵守军令，不可违背。不料孙武开始发令时，宫女们觉得好玩，一个个都笑了起来。孙武第二次发令时，宫女们还是只顾嬉笑。这次孙武生气了，便下令把队长拖出去斩首。吴王来求情也没用，最后孙武还是把吴王宠爱的两个妃子杀了。宫女们看到孙武说到做到，一个个都吓得脸色发白。第三次再发令，没有一个人再敢开玩笑了。

军人以服从为天职，对长官的命令是不可随意违抗的，所谓"军令如山"，就是这个道理。在战场上，如果进攻时胆小怕死往回跑，就可以就地正法。

在公司也是，主管或领导一声令下，员工必须马上去执行。如果你也不听、我也不动，那还怎么搞工作。公司导入军队文化，就是要练就一支纪律严明的员工队伍，让整个队伍具备强大的战斗力。

人无纪律就是一盘散沙，散沙是形不成合力的，松垮垮的，一只拳头就能把它击溃。如果沙子形成合力变成石头，拳头再打上来，定然血肉模糊。

导入家庭文化

现在有不少企业在内部打造一种"家文化"，实际上也就是我们说的"家庭文化"。

企业不是冰冷的机器，员工也不是机器上的一个零件。虽然从企业运行的角度来说，需要整个企业、所有员工像一台机器那么精密，但员工是有感情的人，要让有感情的人来完成工作，如果不给他感情上的关怀，那这台机器就很难长久地运转下去。

工作和生活、单位和家庭，本质上是不同的。工作的目的是挣得一份薪水，维持生活。发展好的话，收入增加，还能提高生活水平。仅此而已。

为国家做贡献的精神，在我们老一辈人的身上是存在的。那时国家落后，大家思想统一，舍小家为大家，想一辈子投身于某项伟大的事业。这些老一辈人流传的精神至今依然闪烁着耀眼的光芒，令人敬佩。

但如今你要是再以为祖国做贡献去教育人们，恐怕没有多大作用。相反，你付出一份劳动，获得一份报酬，付出多少劳动，能得多少报酬，这样的道理更有说服力，也更实诚。客观上，你付出劳动的同时，也是为祖国做贡献。但这样的贡献已不单纯是付出，而是和个人的幸福紧密地联结在一起。

贵阳市有一家四星级酒店，非常重视打造企业的家庭文化，不仅有内刊报道员工的生活、工作、所思所想，而且还设立了一笔特殊的基金。这笔基金用来做什么呢？哪个员工要是家人生病了或家里临时遇到点困难，都可以从这笔基金里获取部分资助。虽然企业无法做到大包大揽，彻底解决员工的问题和困难，但在感情上给予了员工莫大的安慰。员工会感觉到，在我困难的时候，我工作的单位能伸出援手帮助我，于是多了一份对这家企业的感恩之情，从而在工作中能投入更多的感情，用心尽力地去做好工作。

每个人都对自己的家充满了感情。为了家庭，做起事来不遗余力；为了家庭，什么都可以付出，什么都可以牺牲。当员工把单位一定程度上当作家来看待时，他投入的感情和付出就会增加很多，企业也就获得了它想要的东西。

我们众国人才市场从 2017 年 6 月开始，制定了这样的机制：如果员工遇到生活上的困难，每个月可以领取生活补助 500 元。钱虽然不多，但是对一些刚离校的应届毕业生或者生活比较困难的员工来说，还是能起到雪中送炭的作用的。公司还规定，每周由公司出钱，买员工最喜欢吃的食物，让大家痛痛快快地大吃一顿，这个金额不封顶、不限制。员工们都知道这是公司对自己的一种关怀，从未有人浪费过食物。

四、建立机制

文化的导入最终以机制的落地来体现它的作用和目的。怎样建立机制？一曰制度，一曰机制，一曰企业文化。

制度：让人不敢做坏事

革命军人个个要牢记 / 三大纪律八项注意 / 第一一切行动听指挥 / 步调一致才能得胜利 / 第二不拿群众一针线 / 群众对我拥护又喜欢 / 第三一切缴获要归公 / 努力减轻人民的负担 / 三大纪律我们要做到 / 八项注意切莫忘记了 / 第一说话态度要和好 / 尊重群众不要要骄傲 / 第二买卖价钱要公平 / 公买公卖不许逞霸道 / 第三借人东西用过了 / 当面归还切莫遗失掉 / 第四若把东西损坏了 / 照价赔偿不差半分毫 / 第五不许打人和骂人 / 军阀作风坚决克服掉 / 第六爱护群众的庄稼 / 行军作战处处注意到 / 第七不许调戏妇女们 / 流氓习气坚决要除掉 / 第八不许虐待俘虏兵 / 不许打骂不许搜腰包 / 遵守纪律人人要自觉 / 互相监督切莫违反了 / 革命纪律条条要记清 / 人民战士处处爱人民 / 保卫祖国永远向前进 /

全国人民拥护又欢迎

这首歌大家都不陌生，它就是我党我军历史上赫赫有名的《三大纪律八项注意》。凭借着简简单单的几条纪律，共产党硬是从拥有几百万军队的国民党手中把江山夺了下来。由此可见，其威力非同一般。

制度很多时候是规定人们不能做什么。从《三大纪律八项注意》中我们也能看到，里面有很多"不许""不要"，包括"不要耍骄傲""不许调戏妇女们""不许虐待俘虏兵""不许打骂不许搜腰包"等。人会有很多不良习惯和散漫习性，制度就是用来约束人的。

每家公司都有自己的规章制度，满篇写的"这个事情不能做""那个事情不能做"，有些公司还洋洋洒洒写了厚厚的很多页。结果呢，员工做起事情来缩手缩脚，这也不敢，那也不敢，最后抱怨"在公司我什么也做不了"。

我曾遇到一家公司，成立17年了，有厚厚的一本制度。有一次我做培训时问员工："你们知道有这么一本制度吗？"结果很多员工并不知道。这是为什么？归根结底，是因为员工内心深处不想知道、不想被人管。我们喜欢被人管吗？那么又为什么做梦都想管人呢？

制度是专门用来管人的，很多企业管理者总是很重视制度的制定，做让员工讨厌的事情。一个有趣的现象是，真正成功的企业，它的制度都不会长。

很多人对《中华人民共和国婚姻法》的第一条内容都不知道，从中可以看出，像《中华人民共和国婚姻法》这样涉及每个人基本利益的国家法律都少有人关注，那公司规章制度的关注率可想而知。

其实，对于没人关注的，只需要简短地写几条，诸如不能早退、不能迟到之类，反正没人看，基本上是老总自己一个人在那"欣赏"。在我们公司，规章制度只有薄薄的两三页，"唰唰"几条就写清楚了。

机制：让人知道该怎么做

人一生中应该明白两件事：什么该做，什么不该做。不该做的由制度来约束，该做的则是由机制来引导。

我们公司制定得更多的是机制。机制能决定员工今天做的程度，能升到哪个位置，能赚到多少钱。员工每天学习研究机制，看了后就会明白，哪些事情是可以做的，做了会产生什么价值，会带来什么好的结果。

每个员工都想得到这些东西，所以我基本不会批评员工，只告诉他"这样继续训练，你会得到什么""这个事情再往上做得好一点，你能得到什么"，而不是板着脸训他"你做错了什么"。如果员工一听全都是错误，就会胆战心惊、缩手缩脚，甚至一想起被领导无情地画了无数道叉叉，就会手脚冰凉，像有一盆冷水倒扣在头上。

我们公司的机制规定绝不养懒人。前三个月，随便员工怎么样，但三个月后要是还没有业绩，那就要用标准去考核他了。这就好比新媳妇刚进家门时可以让她轻松自在一阵，但要是三个月后还要公公婆婆给她端茶送饭的话，那就不合适了。

有些公司有好的机制，它契合人性，创造的是一种"玩"的文化。在阿里巴巴，马云就特别会玩，但玩后面，折射的是深层的企业文化。马云现在玩的花样是越来越多了，他和李连杰、吴京、甄子丹、洪金宝、邹市明等武打明星与拳击冠军联合主演《功守道》，和一流歌星王菲合唱《功守道》的主题曲《风清扬》，惊艳了世人。

人在什么情况下最有创造力，肯定不是在压力和压抑之下，而是在轻轻松松的游戏娱乐之后。中国的"填鸭"式教育早为人诟病，以分数唯上，结果培养出一批批只会"应试"的刻板之人。而在西方发达国家中，对儿童的教育，在12岁以前就是让他尽情玩耍。儿童的天性就是爱玩。

玩不分年龄，贯穿人的一生，从三岁稚子到白发老人，都喜欢玩，玩可以滋养我们的身体和精神。应该说，马云深得玩耍的真谛，知道玩是一种催化剂、玩是一种动力，这或许也是他的公司能做这么大而又保持长久不败的原因之一。

而很多公司老总把玩视为不务正业，把玩视为浪费时间。所以在不少公司，我们看到老总总是板着个脸，他不断地用严肃的脸来宣示自己的主权，其实这种人的内心是空虚的。老总不需要板着脸，带着员工开心地玩，让大家的活力在玩耍中尽情地释放，反而有益于创造更多的价值。

现在的80后、90后在玩的领域样样精通，但他们一到公司的环境里就显得死板、显得无能。要想让公司发展得更快更好，就应该在公司借助机制推广玩的文化。

有些公司每隔一段时间就搞一次活动，在活动中还搞一些奖励，让员工玩得很开心。活动结束后，员工一回来就跟大家分享"爬那个墙怎么艰难""走那个桥怎么恐惧"，心情会愉悦很多天。

每个人都想挑战自己，都想向世界证明自己，所以公司每一次带员工玩，要尽量玩不同的，多安排一些花样。不过，任何时候都不要忘了，玩不是纯粹的玩，是有目的的。让玩来促进公司的发展，这才是玩的最终目的。

制度不允许员工做什么，机制提倡员工做什么，从深层来讲，机制更能激发人的潜力，更有利于公司的发展。因此，建立公司的机制意义重大。

机制是设计出来的，而不是算计出来的。在制定机制的时候，很多老总、高管都有一种惯性思维，想尽办法让自己的利益最大化。只要带着这样的思维开始，失败就已成定局，只是当局者迷而已。

我长期在讲，你能算计别人，别人自然就能算计你。你能算计多少人，接下来就会有多少人来算计你，而且，能让你算计的人都是信任你的人。

我以前在招加盟商和代理商的时候，就遇到过这样的事情。我的出发点是想帮助更多像以前的我一样，找不到机会或者没有人给机会的人一起来发展。希望把我这些年总结出来的经验发扬光大，服务更多的人。但是最后发现，不是每一个人都会跟你坦诚合作，有部分加盟商会挖空心思利用你的善心，挖你的员工，学习你的模式，借助你的平台，窃取你的产品，盘算着把你挤出去或自立门户。

他们没想到的是，只要他们有这样的想法和打算，我们的团队很快就会发现，有可能会让他们提前出局。其实，我们这样做，对自己也会造成很多不利影响，但我们不得不壮士断腕、刮骨疗伤，否则后果会更严重。

我是谁？我从哪里来？要到哪里去？人为什么活着？活着为了什么？这些老掉牙的问题是亘古不变的时代追问，需要一代代人不断去追寻答案。对于众国人才市场的伙伴来说，众国人才市场从哪里来、为何存在、为谁奋斗，是众国人才市场作为一个生命体的出发点和初心之思。而对于众国人才市场的伙伴们而言，为了谁、依靠谁，则是每一位伙伴在加入时就应该明确的事情。

自习近平总书记在庆祝中国共产党成立 95 周年大会上向全党郑重提出"不忘初心、继续前行"的政治号召以来，共产党员全心全意为人民服务的初心像一股清泉，再次注入每个共产党员的心田。同时，也注入了众国人才市场每一位伙伴们的心田。众国人才市场全体伙伴为能更好地服务每一位客户，在每次招聘会之前都是没日没夜地电话回访，催促、校对、确认招聘简章，很多时候会在梦中被电话铃声惊醒。

为能使每一场招聘会顺利开展，通宵达旦、夜以继日地工作对众国人才市场的伙伴们来说是常事。每一场招聘会前、会中和会后，无论是狂风暴雨，还是烈日炎炎，都不能阻止伙伴们搬桌椅、撑帐篷的热情。哪怕被雨水淋成落汤鸡，哪怕大汗淋漓，也阻挡不了伙伴们服务好顾客的信心。每一场总裁课程培训，每一场就业创业培训，每一个咨询案，无论遇到多么艰难的事，从未让他们受阻。

我们众国人才市场的所有伙伴们在生活和工作中一直都以古今中外的英雄豪杰为榜样，并一直以此要求着自己。

众国人才市场永远不忘初心，永远把全心全意为用人单位招人、选人、用人、留人、育人和为求职者们就业创业服务当成自己的使命。

企业文化：做事先做人

很多人不知道企业文化是什么。机制是让人做事的，但要做好事，先要明白怎么把人做好。企业文化就是教人做人的，它是企业为经营活动或方式确立的价值观、态度、信念和行为准则，包括公司愿景、使命及核心价值观等。

人与事，是一种神奇的对应。事在人为，人呢，要通过事才能体现出他的品德和能力。有的人做事踏实，让人觉得他靠谱；有的人做事没方法，让人觉得他没能力；有的人做事不做通盘考虑，让人觉得他不够成熟；有的人做事惯于吹嘘，让人觉得他太假……人在单位上和社会上的形象，基本上由他做的事来决定。

要想做事，先学做人。这就要求一个人要树立正确的"三观"，勤修内功，端正态度。不然，一做事就可能格格不入，大失水准，引来别人侧目。学会做人，和别人相处起来会让人感到如沐春风，处处舒服。

不会做人，就容易用语言冲撞别人，处世不懂规矩，人人见之摇头，唯恐避之不及，遑论合作。

一个人的做人水平，能映射出他做事的水平。通过企业文化，员工会知道做什么样的人受单位欢迎，做什么样的人单位不欢迎，有一个明确的界定标准。

很多公司的企业文化是从百度搜索上抄袭来的，他们仿效的公司包括华为、蒙牛、阿里巴巴等大型知名公司。可是，很多老总没有想过，这些大公司或超大公司的企业文化未必适用于自己，很可能水土不服。

我们公司的企业文化有着明确的标准，一条一条写得清清楚楚、说得明明白白。员工只要一看到上面的内容，就知道我们众国人才市场需要什么样的人，然后心里会做一个大致的对应。要想继续留在我们公司，那上面就是参考的标准和依据，只有不折不扣地按照上面的标准去做，公司才会给他提供发展的空间和舞台。

制度能让人不敢做坏事，机制能让人知道应该做什么事，企业文化能让人知道怎么做人。一家企业要发展壮大，这三者缺一不可。

结束语

"治大国如烹小鲜",这是老子对于治国的名言,但是要怎么"烹"呢?所谓烹,是文火、细火,慢慢熬炖。

管理公司又何尝不是"烹小鲜",需要一点一滴地去做。普京在接受央视记者采访时谈到索契冬奥会场馆的建设问题,引用了俄罗斯的一句格言:"小鸡啄米,必须一粒粒地去啄。"冬奥会的场馆建设任务虽重,但也需要一处处地去完成。所谓心急吃不了热豆腐,说的也是需要耐心。

除了耐心,还需要精心。烹制小鲜,必须精心准备好各种作料,还要懂得烹饪的步骤,懂得掌握火候,盐和味精该什么时候放,什么时候可以起锅了……如此,才能烹饪出一锅美味。

三心二意是烹饪不出美味的,在这个过程中必须做到细心。细心地照看炖在炉子上的锅,否则很可能汤溢出来把火扑灭了,最终影响口感。

精心、细心、耐心,是烹一锅美味必不可少的态度,也是管理一家公司不可缺少的态度。每一家公司都应该力争做"三心企业"。

附　录

奋斗之歌

"心中升起红太阳，千军万马战太行。

一锤一钎干革命，愚公移山志如刚。

自力更生创奇迹，高举红旗情高昂。

林县人们多壮志，定把河山换新装。"

这首革命诗歌，更坚定了众国人才市场完成公司使命的决心：

从古至今，中国人民从来都是人穷志坚；

无论古今，咱们祖先都有开疆扩土之志向；

如今时光，无法阻止我中华好儿郎走四方；

众国人才，只为助力各位好儿女开创大业。

李耀文治企语录 [1]

人才是招聘不来的，你招聘来的不是人才，招聘来的最多算是一群人而已。人才要么是吸引来的，要么是打磨出来的。

制度能让人不敢做坏事，机制能让人知道应该做什么事，企业文化能让人知道怎么做人。一个团队要发展和壮大，这三者缺一不可。

把没有训练好的士兵送上战场，不但不能成为战士，还可能会变成烈士。企业最大的成本就是让没有训练好的员工去工作。

士兵只要上了战场就会有伤亡，伤亡是必然的，不伤亡才是偶然的。如果把商场比作战场，员工的流失和辞退就是必然的，能长久留下的才是偶然的。

---

[1]　这是李耀文先生通过长期实践总结出来的各种治企经验，内容不仅限于本书的招人用人范畴。

企业员工不停流失的最大原因，就是没有培养出企业的骨干。

没有梦想的团队不可能做出非凡的事业，没有人生导航图的个人就像盲人摸象。

团队员工懒散，就是因为没有榜样，员工不知道向谁学习；团队没有凝聚力，就是因为没有树立出领袖，员工不知道以谁为中心。

团队内部军心不稳，是因为团队负能量太多；团队负能量太多，是因为老板或高管不会及时放大正能量。

你不帮助人，人自然就不愿意帮助你；你帮助了多少人，就有多少人来帮助你。

统一目标很重要，如果你不能统一大家的思想，目标也很难统一。你能统一多少人的思想，就能统一多少人的行动。

机制不是越多越好，也不是越少越好，机制不以数量论。机制以质量论，奖罚分明的机制才是最好用的机制。

骨干团队是老板吸引进来的，产品和服务又是团队做出来的，所以说到底，企业和企业之间的竞争，就是老板和老板之间的竞争。

要想把企业经营好，就要把人经营好。要想把人经营好，就要把人的需求经营好。

人才是留不住的，就算你留住了人，只要心不在你这里，就只是一具行尸走肉。

基层选能力，中层选人品，高层必须德才兼备。

不改变只有一种命运——被淘汰。时代变了，你还要原地踏步吗？

人是环境的产物，要想改变人，就要先改变环境。企业的环境都是老板一手打造出来的，你打造的是厕所，吸引来的就是苍蝇；你打造的是花海，吸引来的就是蜜蜂。你想要什么样的人才，就要打造能吸引这类人才的环境。